足尖上的体育

文柱国 / 著

哈尔滨出版社
HARBIN PUBLISHING HOUSE

图书在版编目（CIP）数据

足尖上的体育 / 文柱国著. — 哈尔滨：哈尔滨出版社，2023.9

ISBN 978-7-5484-7587-3

Ⅰ.①足… Ⅱ.①文… Ⅲ.①体育教学—教学研究 Ⅳ.①G807.01

中国国家版本馆CIP数据核字（2023）第183670号

书　　名：足尖上的体育

ZU JIAN SHANG DE TIYU

作　　者：文柱国　著

责任编辑：李维娜

封面设计：李　娜

出版发行：哈尔滨出版社（Harbin Publishing House）

社　　址：哈尔滨市香坊区泰山路82-9号　　邮编：150090

经　　销：全国新华书店

印　　刷：北京政采印刷服务有限公司

网　　址：www.hrbcbs.com

E-mail：hrbcbs@yeah.net

编辑版权热线：（0451）87900271　87900272

销售热线：（0451）87900202　87900203

开　　本：787mm×1092mm　　1/16　　印张：13.75　　字数：194千字

版　　次：2023年9月第1版

印　　次：2023年9月第1次印刷

书　　号：ISBN 978-7-5484-7587-3

定　　价：58.00元

在新的教育理念和体育教育越来越受到人们关注的背景下，体育教育的改革方向也越来越清晰。教学模式、教学内容、教学目标均日趋成熟并迅速发展。以学生为主体，根据学生年龄、身心健康发展的特点，不断优化教学模式，促进教学模式的现代化、科技化发展，及时把传统老套不良的教学模式进行了优化，让学生在树立自信心的同时开发自我思维、发掘自我能力。而体育教师则是在新课程改革的过程中，不断提高自己的素质，不断提高自己的综合能力，让自己的基本功更加扎实，成为一名合格的教师。通过这种方法，可以有效地指导学生掌握基本的运动技能，使其在较好的教学环境中对运动产生兴趣，提高其综合素质和运动水平，从而实现教学目标。

本书首先对体育与健康的基本理论、形成与发展，以及地位、目的和任务做了简要介绍；其次，阐述了体育锻炼与体能的基本内容，其中包括体能与健康、体育锻炼与心肺功能、体育锻炼与肌肉力量和耐力、体育锻炼与柔韧性及体育锻炼与心理健康；再次，分析了体育教学技能的提升，让读者对体育教学技能的内容研究有了全新的认识；然后对有效体育教学、体育人才培养创新策略及体育教学改革实践创新进行了较大幅度的改进，最后从多维度阐述了体育教学的实践应用，充分反映了21世纪我国新课程标准下体育与健康教育是实现青少年儿童全面发展的重要途径，力求让读者充分认识到学校体育的重要性和必要性。本书兼具理论与实际应用价值，可供广大体育教学相关工作者参考和借鉴。

为了提升本书的学术性与严谨性，在撰写过程中，笔者参阅了大量的文献资料，引用了诸多专家学者的研究成果，因篇幅有限，不能一一列举，在此一并表示最诚挚的感谢。由于时间仓促，加之笔者水平有限，在撰写过程中难免出现不足的地方，希望各位读者不吝赐教，提出宝贵的意见，以便笔者在今后的学习中加以改进。

目录

第五章 有效体育教学

第六章 体育教学改革实践创新

第一章

体育与健康概述

第一节 学校体育与健康的概念

一、学校体育的概念

学校体育，是在以学校教育为主的环境中，把学生作为教育的主体，教师以身体锻炼为主要手段，结合健康教育、营养、卫生保健等方式，锻炼学生身体、增强学生体质、培养身体活动能力、进行道德品质教育、促进学生身心全面健康发展的有目的、有计划、有组织的教育。

从体育发展的特征与规律出发，提出了体育发展的对策。主要包括身体教育、竞技运动和身体锻炼三个方面。它的基本性质是指人们自觉利用自己的体育锻炼来促进健康、增强体质、促进身心发展。身体教育是学习掌握体育知识技能、发展身心、增强体质的教育活动，是对人体进行培育和塑造的过程，对受教育者的生长发育、健康、体力与智力的发展和品德有积极的促进作用。

身体锻炼是运用各种身体练习，结合自然力和卫生因素，以健身、防治疾病、娱乐为目的的身体活动。

二、健康的概念

健康教育是指通过课内外的各种教育方法，有目的、有计划、有组织地培养学生的各种有益于自身、社会和全民族健康的行为和习惯，提高卫生科学知识水平，自愿采纳有利于健康的行为和生活方式，自觉保护环境，克服危害身心健康的各种主客观因素，从而预防和减少青少年某些常见病和多发病，尽可能避免意外伤亡事故，增强体质，促进身心发育，提高学习和生活质量，为一生的健康奠定基础。

（一）健康

健康，不仅是没有疾病，而且还包括体格、心理和社会适应能力等方面的状态完好。人的身体在不同的时候有不同的状态，一种是健康状态，一种是疾病状态，还有一种是介于健康与疾病之间的"第三状态"，也叫"亚健康状态"。"健康"这个概念已经超越了"病"的范畴，它将"身体""精神"与"社会"等密切联系在一起。例如，对健康进一步理解，所谓健康，就是具有创造客观世界和创造（发展）自己的能力。当一个身体显示出这种生机蓬勃的活力时，就可以说它是健康的。心理健康通常指人们与生活环境之间保持着良好的协调和均衡。一些研究表明，许多疾病是由精神因素引起的，而不是由微生物、不良饮食习惯等致病因素所致。在某种意义上可以说，精神（心理）因素的重要性甚至超过了身体（生理）因素。精神的与肉体的健康有着不可分割的联系。肉体上的疾病或伤残可以扰乱精神上的平衡与协调。同样，精神创伤也影响着身体健康。

通过"体育"与"健康"的概念说明，明确了"体育"与"健康"的核心含义，即"强身健体"并促进"身心发展"。换句话说，体育锻炼主要是增强体质，增进健康；而健康教育是维护健康，保护体能发展。

（二）体质

"体质"是人体素质的体现，是人的生命活动和劳动能力的物质基础。体质是人体的形态结构、生理功能、心理等方面的综合状态。

衡量人的体质水平主要应从以下几个方面进行：

（1）身体形态发育水平。即体格的生长发育是否正常、强壮，体型是否匀称、健美。体格是指人体的形态结构方面，包括人的身高、坐高、体重、胸围、肩宽、骨盆宽等；体型是指人体各部分的比例；姿势是指人坐、立、行的姿势。

（2）生理机能水平。即机体新陈代谢的功能以及各器官系统（脉搏、血压、肺活量等）的工作机能。

（3）体能与身体素质。速度、耐力、力量、敏捷、协调等素质，以及走、跑、跳、投、攀登爬越、举起重物等运动能力的水平。

（4）对外界环境的适应能力。如抗寒、抗热能力，抵抗各种病菌侵入机体的能力等。

（5）心理发育水平。包含身体感知能力以及意志、个性、判断等对外部刺激的适应能力。

体质所包含的这几个方面形成了一个完整统一的整体，反映出一个人体质的强弱。研究表明：人体形态的发育、机能和运动能力的提高，适应环境和抵抗疾病能力的增强等是有很大内在潜力的。通过体育锻炼，促进这种内在潜力可以得到更充分的发展和有效的利用。古今中外许多学者的大量研究成果，令人信服地证明了体育锻炼对增强体质的显著效果。

通过健康教育、卫生保健、医务监督、行为干预的实施，帮助学生纠正有关健康的错误知识，也有助于弄清行为的障碍及如何解决这些障碍，提高自我保健能力，养成健康行为，纠正不良习惯，消除危险因素，防止疾病发生，促进健康和提高生活质量。

大量科学实践证明，良好的学校环境为学生学习提供了物质和精神方面良好发展的保证。加强对学生健康教育的认识，养成科学、合理的生活方式是学生身体健康和心理健康的重要保障。

第二节　我国学校体育及健康教育的
形成与发展简述

一、我国古代学校体育卫生发展概况

我国古代的学堂产生于奴隶社会，夏王朝已经有了各种各样的学校，如"校""序""库"。"大学"与"库"两个层次的教育，在商朝也有了新的发展。西周时期，学堂有了进一步的发展，并将其划分为"国学"与"乡学"。西周时期，学校制度比较完善。殷商的教育，既有宗教，也有军事，以射术和传习多种武术为主要内容。西周的学校主要以礼仪、乐、射、御、书、数六艺为主要内容，以训练奴隶主的后代，使他们成为一代文武双全的统治者。这就是我国古代学校体育活动的开端。

在我国古代历史文献中，没有"体育"这个词，只有相应表达部分近代体育内容的字眼，如"养生""导引""武勇"等名称。"体育"一词是19世纪末20世纪初本引进来的，它的本义是"身体的教育"，是近代教育中的一个组成部分，连同"道德教育"和"智识教育"合称为"三育"。

我国最早把"体育"作为学校教育内容的是梁启超。梁启超是我国改良主义运动领袖康有为的学生，他主张"德育、智育、体育三者，为教育上缺一不可之物"。在1897年任湖南时务学堂总教习时，他拟定的《湖南时务学堂学约》第一条"学纲"第八项"摄生"中写道："饮食作息有定时，匀过劳，重体育锻炼。"他还要求学生"每日用一小时或半小时静坐养心"。由此可见，当时体育已逐渐成为学校教育中的一个重要内容。健康教育思想处于萌芽状态。

我国学校体育是从1902年废除八股文，1903年颁布《奏定学堂章程》以后开始发展的，各类学校的体育教学内容多采用德国、日本的普通体操和兵式体操。1923年，将"体操课"改称为"体育课"，教学内容开始改用英国、美国的游戏、田径、球类等。

1927年后，国民党政府成立了体育领导机构，颁布了体育法令，修订了体育课程标准，修建了运动场，召开了运动会，参加奥运会和国际比赛等，由于经济落后、战乱不断、政治腐败、民不聊生，学校体育在学校教育中不被重视。因为有些运动项目只是走个过场，所以大部分学生的身体素质都很差，体育课程已成为"放羊式"的教学模式。"选手制"运动和奖牌主义的观念在学校里普遍存在，群众体育得不到广泛开展，加之国民党政府的腐败，主管部门办事效率低，迫使旧中国的学校体育日趋衰落。

在延安，延安大学体育系于1941年建立，培养了一大批运动干部，并在实践中积累了大量经验，体现了鲜明的政治方向和艰苦奋斗精神。

二、中华人民共和国成立以来学校体育卫生发展概况

中华人民共和国成立后，标志着社会主义时代的开始，随着社会主义事业的发展，学校体育事业受到了党和政府的高度重视，学校体育作为全面发展社会主义事业的一个重要方面，呈现出一种全新的面貌。

毛泽东同志写出了《体育之研究》一文。文章精辟地论述了德、智、体"三育"的关系，生动形象地把身体喻作"寓道德之舍""载知识之车""体育一道，配德育与智育，而德智皆寄于体，无体是无德智也""运动的效果，是强筋骨，是增知识，是调节情绪，是增强意志的"。论述了体育在"三育"中的地位和作用，是中国近代体育史上一篇重要的体育文献。

中华人民共和国成立后一段时期内，传染病、寄生虫病等疾病猖獗流行，营养不良十分普遍，而且人口众多，经济不发达，面对这种情况，毛

泽东于1950年6月和1951年1月两次写信给教育部部长马叙伦提出了"健康第一"的指令。1951年8月，政府颁布《关于改善各级学校健康状况的决定》，其中着重强调了学校的体育与卫生工作的重要性。将学校体育与健康纳入了议事日程。1952年卫生政策提出了"动员起来讲究卫生，减少疾病，提高健康水平"以及除"四害"、讲卫生、增强体质、移风易俗等方法，在预防为主的方针指引下，依靠群众的力量，使四大寄生虫病等传染病得到有效控制。同年，毛泽东为中国全国体育总会第二届代表大会写了"发展体育运动，增强人民体质"的光辉题词，这是新中国体育发展的一个重要标志。毛泽东于1957年提出"我们的教育方针，应该使受教育者在德育、智育、体育几个方面都得到发展，成为有社会主义觉悟的、有文化的劳动者"。以后曾多次要求教育部门要注意学生的"健康第一"，明确指明了学校体育的基本目的是：体育和健康在学校教育中的地位和作用，这对促进我国体育和健康教育的发展具有重要的指导意义。实践证明，只有从我国实际出发，发扬中华民族文化的精华，汲取世界上先进的经验成果，才能逐步形成具有中国特色的社会主义初级阶段的体育与健康教育模式。

1977年，我国社会主义建设进入了改革开放、经济发展的新阶段；体育与健康教育也呈现出崭新的面貌。

1979年5月，在扬州召开了全国学校体育卫生工作经验交流会。教育部、国家体委、卫计委等部门共同颁布了《学校体育工作暂行规定》《学校卫生工作暂行规定》和《关于在学校中进一步施行国家体育锻炼标准意见的通知》，1990年正式实行。通过对体育与健康工作的认识，使体育与健康工作得到了更好的发展。1985年，对全国50多万大、中、小学生进行了体质测试，研究其体质现状、特点和规律。1986年，学校开展了预防近视、龋齿、肝炎及肺结核四种疾病工作。1990年，发布了学生体育合格标准。《体育两类课程整体教学改革》是在1996年由国家教育部颁布的。1995年，我国的《中华人民共和国体育法》，经江泽民签署发布。《中华人民共和国体育法》的制定和实施，填补了国家体育领域立法的一项空白，结束了体育事业无法可依的历史，也使学校体育工作走上了依法行政的轨道。江泽民总书记提出"要在群众中继续开展健康教育，提高健康意识和自我保健能力，通过普及医学知识，教育和引导群众养成良好的卫生习惯，倡导文明健康的生活方式"。

随着改革开放的深入和综合国力的提高，学校体育卫生进入了一个崭新的发展阶段。体育教学与健康教育的改革，课外群众体育活动和学校运动竞赛及余暇休闲体育活动日益活跃。校内普遍建立和健全了各项体育卫生规章制度，即教学管理制度，运动训练、竞赛制度，营养卫生制度等，使学生平均每天有1小时以上的体育锻炼时间。良好的学习、生活环境使学生的身体素质、健康状况都得到了很大提高。

我国目前处在社会主义初级阶段，体育场地设施还不能完全满足人们的需求，随着社会的进步、经济的发展、综合国力的提高，中国教育适度超前发展的今天，教育面向现代，面向世界，面向未来，有社会主义制度的优越性，党和政府的高度重视，学校体育活动内容将更加丰富多彩，将为我国培养出有理想、有道德、有文化、有纪律、身心健康的合格人才做出积极贡献。

三、当代学校体育与健康的现状和发展趋势

在人类的发展中，健康是人类的第一需要，人们一直在为维护自身的健康和快乐，延年益寿，充分挖掘人体的潜能，延长人类健康工作年限等进行着无休止的寻觅与探求。

随着社会的发展，人类社会的都市化现象日趋加重，导致社会性的心理疾病。城市人口密度越大，环境污染越难以控制，易发生流行病、传染病。随着生活节奏的不断加快，人们的工作压力加重，精神焦虑状态加深，社会竞争日趋剧烈，人们的心理负荷日益加重，且生活方式和行为也越偏离自然状态，骤然使人类的疾病谱发生了很大变化，医源性、药源性疾病激增。一些严重威胁人类健康的诸如心脑血管病、恶性肿瘤、消化性溃疡等疾病发病

率增多。这些疾病无论是对它的病因、病理的研究，还是对它的防治，在生物医学模式的构架中很难找到解决的办法，一旦患上这些疾病，就会给人们带来巨大的痛苦与灾难。人们的日常生活方式、心理特征、行为习惯以及自然和社会环境已经越来越可能成为影响健康的重要因素。

如何减少因生产和生活方式的改变给人类带来的一些不利影响，使未来的社会主义建设者身心健康、快乐、充实地完成在校学业，健康地工作40年，这是学校体育与健康教育必须要研究解决的问题。

目前，学校体育与健康教育有如下发展趋势：

（1）体育与健康认识越深刻，体育与健康的功能越大，起作用的范围越广。体育教学的目的是增进健康、增强体质、教养、教育、竞赛、娱乐、促进学生的人格发展，促进社会主义精神文明建设，终身体育、健康教育等。

（2）学校体育与健康是学校教育的一个组成部分，其教学内容主要有体育健康课、早操、课间操、课外体育锻炼、课余体育锻炼及体育活动等。为学生提供全面的体验和知识，其中包括正规和非正式的体育健康教育课程，行为干预进一步得到加强，创造安全健康的学校环境。对学校体育与健康整体设计、运用系统论观点，围绕教育育人，提高学生综合素质。

（3）随着科学技术的进步和生产力的不断发展，人们的生活水平不断提高，闲暇的时间也越来越多，人们对健身、健康和娱乐的需求也越来越大。个性化健身活动方式日趋丰富多彩，参与度日益增长，使健康教育与健康促进成为人们普遍关注的焦点之一。

（4）加强学校体育与健康的科学化管理，充分调动和发挥有关的人力、物力和财力，顺利开展学校体育与健康工作，全面贯彻落实国家的教育方针，培养全面发展的合格人才。

第三节　学校体育与健康的地位、目的和任务

一、学校体育与健康的地位和作用

学校体育作为学校教育的一个重要内容，与德育、智育、美育紧密联系在一起，担负着培养德、智、体、美、劳全面发展的历史任务。学校体育和健康教育是我国体育事业发展的一项重要内容。学校体育是社会体育、竞技体育、终身体育的重要组成部分，是我国体育事业发展的重要战略目标。

学校体育与健康教育，较系统地掌握体育与健康科学知识，掌握体育技术和技能、健康保健、健康人格、指导个人和他人运用科学的锻炼方法，从事身体练习，提高身心发展水平，并且培养良好的体育锻炼习惯、健康的心理状态、健康的生活方式、健全的性格和顽强的适应能力与改造环境能力。从而使学生全面发展身体、增强体质、促进身体的正常发育和生长，为一生的健康打下良好的基础。这充分表明，在提高国民素质和健康水平方面，学校体育与健康教育起着举足轻重的作用。

学校体育与健康工作除了课堂教学以外，通常包括早操、课间操、班级体育锻炼、运动队训练、体育竞赛、课外体育活动、个人卫生保健、心理卫生实践等。体育与健康教育不仅可以健身、启智、调节心理平衡、增添审美情趣，而且通过对学生进行爱国主义、集体主义、社会主义教育，使学生具有热爱集体、公平竞争的意识和能力，以及服从规则、遵守纪律、团结协

作、勇敢顽强、积极进取等精神素质。

学校体育是培养学生智力的重要途径。人类的智力发展是以物质为基础的。科学研究表明，一个人的智力水平与他的脑组织和功能状态有着很大的联系。长期的运动可以保证大脑的能量和氧的供给，从而促进大脑神经细胞的生长，提高大脑皮层细胞的活跃程度、平衡性和灵活性，为智力的发展提供一个良好的生理环境。体育锻炼还可以提高学生的感知能力、观察能力、记忆力、思维力、想象力等，能让学生头脑清醒、精力充沛，从而提高学习效率。正确的作息时间、左右脑轮流休息、科学的学习方法、劳逸结合、有紧有松，这样可以让大脑在较长的时间内维持学习和工作。由此可见，学校体育和健康教育在学生的智能发展中起着举足轻重的作用。

学校体育是实现学生审美教育的一种行之有效的方法。通过体育锻炼，可以促进学生的骨骼、肌肉的协调发展，从而达到形体、动作、姿态、仪表、心灵等方面的全面发展，提高学生鉴赏美、表现美、创造美的能力。通过审美教育，使美在学生的身心健康中发挥很好的教育作用。

学校体育以人的身体为目标，通过积极的方法，有组织地、系统地发展人体潜能和提高人的身体素质。而体育锻炼对机体的影响，不是短时间能够见效的，需要一个很长的过程。人体是一个统一的有机体，各器官、系统的结构、功能，及身体素质、运动能力和心理品质的发展都是相互制约的。不同的年龄、性别、训练水平、体质和健康状况、心理状况、运动设施是否安全等，如果不考虑以上诸多因素盲目地进行激烈竞赛，运用不合理的运动负荷，以及饭前饭后剧烈运动等都可能造成伤害事故。而健康教育运用科学的方法，促进和保障了体育功能的有效性。

通过对学校体育和健康教育的研究，可以有效地推动学校的精神文明建设，提高学生的心理素质。体育知识、技能、规划和方法是人们长期实践积累下来的一笔宝贵的精神财富，是社会和文化的有机组成部分。体育教学、体育锻炼、课余体育竞赛、体育赛事欣赏等活动，既可以使学生掌握体育知识和技能，又丰富了体育文化建设的内容，增强了体育文化素质。体育也是一种趣味盎然的群体娱乐，在学习之余进行体育锻炼可以增进彼此的关系，陶冶情操，获得崇高的精神享受，丰富课余文化生活，扩大和占领学校文化领域，防止和矫正学生不良行为，对建设健康的、生动活泼的校园文化，建设良好的校风和学风，促进精神文明建设都具有重要作用。

学校体育与健康教育对学生的思想道德教育起着很大的促进作用。不同的体育项目，有比速度的、有比耐力的、有惊险的、有挑战的、有千变万化的、有需要团队合作的，都具有健身、启智、育德的作用，有利于培养学生勇敢、顽强、坚韧、果断、拼搏、创新、进取、艰苦奋斗的优良品质和精神，并具有高度的责任感和荣誉感。对竞赛中的优胜者进行奖励，可以让他们在情感上获得更深的体验，提高他们的自信心，增强他们的斗志，养成他们的社会行为准则，对他们形成良好的个性和人格品质有重要的影响。

随着学校体育和卫生事业的发展，其作用和影响范围不断扩大。它的角色超越了学生时代的局限，具有终身意义；超越了学校的范围，具有广泛的社会价值；超越了强化身体的特殊作用，它对促进学生身体和心理的全面发展起到了积极的作用。

体育与健康因其蓬勃的生命力而越来越凸显其重要性。

二、学校体育与健康的目的和任务

根据党的教育方针、学生的年龄特征，以及体育与健康的社会职能，学校体育与健康的目的是：增强学生的体质，学会保健方法，使学生在生理和心理上得到充分发展，具备生存能力、竞争意识和竞争能力，培养德、智、体、美、劳都得到发展的社会公民。

要达到学校体育教学目标，就必须做到以下几点：

（1）综合健身，促进身体形态结构、生理功能、心理发育，增强体质和基本运动能力的发展，增强对自然环境的适应性。

（2）培养学生基本的体育知识、技术和技能，学习科学的运动方式，培养良好的体育健身习惯，培养体育兴趣和爱好。

（3）加强思想品德和意志品质教育，培养学生良好的运动习惯。

（4）对一些有特殊运动天赋和身体素质较好的学生进行特殊的运动锻炼，以进一步强化他们的身体素质，提高他们的运动技术，从而培养出一批优秀的运动员。体育教学目的和任务的实现主要通过体育与课外体育（包括早操、课间操、班级体育、体育队训练、体育竞赛、校外体育）。体育课和课外体育活动有各自不同的特点和需要完成的主要任务，应使之互相配合、互相补充、互相促进，共同完成学校体育的目的和任务。

健康教育旨在通过健康教育的过程来维持和促进个人和社会的健康。

健康教育主要承担以下任务：

（1）加强对学生的保健意识，培养学生对疾病的防范意识，保持身体健康的意识。

（2）培养学生的健康行为，提倡文明、健康、科学的生活方式，消除社会习俗中的愚昧和落后，推动社会主义精神文明的发展。

（3）增强学生的身体素质。

（4）加强学生的心理健康和心理健康问题的预防。

（5）提高学生对个人及公众健康的态度，鼓励学生采取或选择有益于健康的行为，营造有利于健康的环境，使某些不良行为得到改善。

（6）培养学生的自我保健能力。

（7）降低常见病的发病率。

实现健康教育目的和任务的途径有健康教育课、具体健康行为指导和技能训练、专题讲座、个别指导等。健康教育不仅仅是疾病预防，其首要任务是健康促进。

三、实现学校体育与健康目的任务的主要途径

国家教委颁发的《学校体育卫生工作条件》中明确提出了学校体育目的、任务的组织方式是：体育与健康课，早操和课间操，系、班级体育锻炼，运动队训练及各种体育竞赛等活动。这些形式都有各自所要解决的主要

任务，应使之互相配合，互相补充，互相促进，共同完成学校体育的目的和任务。

学校健康教育要紧密结合青少年的心理特点、兴趣、要求和社会需求，在医疗工作中选取能解决学生身心健康问题的材料和事实，结合理想、道德教育，使学生树立讲卫生光荣，不讲卫生可耻和移风易俗的理念，改造环境，促进个人、社会对预防疾病和保持自身健康状况的责任感。健康教育联系当地所发生的情况和需要解决的卫生问题，以取得更大的社会效益。

（一）体育与健康课

体育与健康课程是学校体育与健康教育目标和任务的基础，是学校教育规划中的重要内容。学校体育与健康课一般划分为体育与健康理论课和实践课两种类型。体育与健康课一般是在教室向学生讲授体育与健康的基本知识，各主要项目的比赛规则、基本卫生保健知识或专项讲座、技术与战术的分析及各种科学锻炼身体的方法、原则等。

实践课是由教师在运动场（馆）或实验室指导学生进行的身体练习课，学习突发性伤害事故简易包扎和应急处理措施。它是根据体育与健康教学大纲和教学进度计划进行教学的。随着体育与健康教学改革的深入和发展，学校体育与健康根据学生不同具体情况（如学生的生理状况、兴趣爱好、专业特点）和场地条件、师资力量，设置了多种形式、多层次的体育课程。比如普通体育与健康课、专项体育课、保健专题讲座课等，一般男女生分班进行教学，并开设体育与健康选修课和运动训练课。普通体育与健康课一般为一、二年级中专生和专科一年级学生开设，目的是使学生正确认识体育与健康的重要意义，树立正确的体育与健康观，掌握体育和卫生保健的基本理论知识，全面发展学生的各项身体素质，提高身体的基本活动能力，增进身心健康，增强体质。保健体育课是为身体较弱或有某些疾病的同学开设的，其目的是通过对这些学生进行适当的身体锻炼，掌握必要的医疗保健知识以及进行康复训练，从而提高他们的身体素质。

由于体育教学中的学生要进行不同的体能训练，所以体育教学的组织工作是非常复杂的。在重复的训练中，由于身体与思想紧密结合，需要承受一定的运动负荷、生理和心理的刺激，从而使他们的身心得到健康发展。

（二）课堂常规

体育与健康课堂常规是为了保证教学的正常进行而对师生提出的一系列基本要求。它包括：准时集合上课；上课礼节；上课服装；病弱学生、女生例假的合理安排；注意安全事项；师生不得无故离开课堂；教学环境安全、干净、整洁；按时下课并小结等。

（三）课外体育活动

课外体育活动是学校体育工作的重要部分，其组织形式多种多样，活动内容丰富且不受限制，但从事各种身体练习，学生身体都要承受一定的运动负荷，都是以身体活动为主的思维活动和身体活动相结合的一种教育活动。学生正处于长身体的时期，单靠每周两节体育课显然是不够的，只有课内外结合起来，科学地、合理地开展课外活动，保证学生每天1小时的体育锻炼时间，才能使体育锻炼具有不间断性，以满足学生身心发展、增强体质的需要。

课外体育活动包括早操、课间操和课外体育活动等。

学校作息制度规定，每天早上起床后进行30分钟的早操，学生除了做广播操外，还可以进行一些简单易行、小型多样、运动量适宜的活动，以身体发热、微汗即可。这样可以增加氧的摄取量，消除睡眠中引起的抑制状态和惰性，以充沛的精力投入到文化课的学习中。

课间操有助于消除学生在学习中产生的疲劳。学生呼吸新鲜空气，调整视距，以松弛大脑皮层和眼睛的紧张，用积极的休息方法，调节精神，继而以充沛的精力继续进行文化课的学习。

课外活动，指下午上完文化专业课后，根据学生的生理、心理、兴趣爱好开展多种多样的活动。开展的内容应以小型多样、生动活泼、讲求实效的课外体育游戏、体育竞赛、娱乐活动项目为主。组织形式为班级、专业、体育单项协会、学生会文体部、个人及自愿组合等。课外活动应推行《国家体育锻炼标准》，有计划、有组织地安排达标活动。

（四）运动队的训练和运动比赛

学校运动队训练是课外体育的一个组成部分，即利用业余时间对部分体育基础好的学生进行训练。这是贯彻普及与提高相结合的一项重要措施，其目的是全面增强学生体质，提高某一特定项目的成绩，从而推动和促进学生体育事业的繁荣。同时能造就一批具有良好思想品德的体育人才，从而达到发现人才、培养人才、输送人才，以及提高民族素质和建设体育强国的目的。

运动队训练一般安排在早晨和下午的课余时间，一般项目运动队每周训练3～4次，每次1.5～2小时，若有重大的全国性、省级比赛则每周6次。同时，可以利用寒、暑假进行集中全天训练。但要处理好文化专业学习与运动训练的关系，运动员不仅要在运动技术水平上迅速提高，而且在文化学习上也要取得良好的成绩。

学校运动竞赛分校内、校外两大类。按竞赛的形式和任务可分为单项比赛、锦标赛、对抗赛、测验赛、选拔赛和运动会等。一般来说，学校的体育竞赛以校内为主，一年举行一次全校性的田径运动会、各种球类比赛、冬季长跑、传统体育竞赛活动。除此还积极提倡、支持不同层次、形式多样、内容新颖的各专业、年级及单项协会组织的小型竞赛活动。在校外的体育运动竞赛，主要是派遣运动队参加校际比赛，省、市、全国体育单项比赛。实践证明，校内外体育竞赛是推动学校体育发展的有力杠杆。

第二章

体育锻炼与体能

第一节 体能与健康

一、体能的含义

所谓"体能"，就是身体各个器官在运动过程中所发挥的机能能力。通常是身体素质和运动能力的总和，是衡量身体健康的一项重要指标。健康的体能是指身体处于无疾病状态，且精力充沛，充满活力，自信，能够应对工作中的激烈竞争和突发事件，并有足够的时间来享受休闲娱乐。虽然一个人良好的体能与其年龄、性别、体型、职业和生理等有关，但它主要还是通过体育锻炼而获得。

如果一个人保持长期的锻炼，那么他的体能就会得到提高或保持，一个人的运动如果中途停止，不仅身体素质不能维持，反而会降低。当然，良好的身体素质并不是单纯依靠体育锻炼就能够实现的，还需要合理的饮食，保持良好的口腔卫生，充分的休息和放松。

二、体能的类别

体能可以分成两大类：与运动能力有关的体能和与健康有关的体能。与运动能力有关的体能主要内容有：速度、力量、灵敏性、协调性、平衡和反应等。与健康有关的体能主要内容有：心肺耐力、肌肉力量、耐力、柔韧性、身体成分等。

（一）与健康有关的体能

1. 心肺耐力

心肺耐力是指一个人能够进行连续的体力运动的耐力。在进行某种高强度的运动时，良好的心肺耐力是必不可少的。一个人的心和肺功能越强，走路、跑步、学习和工作就会变得越容易，就能做更多的运动。

2. 肌肉力量和耐力

肌肉的力量是指一组肌肉在同一时间内，竭力地对抗阻力的能力，所有的运动都是由它来完成的。肌肉的强健可以防止扭伤、肌肉疼痛，以及体力的疲惫。同时，肌肉力量的协调发展也会对人体的形态和结构产生一定的影响。肌肉耐力是指某一部分肌肉在一定时期反复进行的一种肌肉收缩的能力，它与肌肉的强度有很大的关系。一个人的肌肉结实，有很好的耐力，就能更好地抵抗疲劳。

3. 柔韧性

柔韧性是指身体各关节的活动范围和肌肉、肌腱、韧带、皮肤及其他组织的灵活性和伸展能力，这些都可以通过定期的体育锻炼来改善。柔韧是体育项目中必不可少的体能成分之一，它可以帮助你改善身体的活动水平、预防肌肉紧张并保持良好的体形。

4. 身体成分

身体成分由肌肉、骨骼、脂肪等组成。体力和身体的脂肪比是紧密联系在一起的，肥胖对身体不好，运动时要消耗更多的能量，会增加心肺功能的负担，从而导致更多的心脏病和高血压的发生，降低人们的生活质量。为了维持身体的适当脂肪，运动是一种有效的减肥方法，同时要注意能量的摄入与能量的消耗。

（二）与动作技能有关的体能

1. 速度

速度是指在最短时间内进行一段距离的快速运动。在很多竞赛中，速度是成为优秀运动员的关键。

2. 力量

力量是一种能够在短时间内克服阻力的能力，举重、铅球、标枪等都可以显示出自己的实力。

3. 灵敏性

灵敏是指在运动时，能够迅速而精确地改变自己的运动方向。灵敏性主要取决于神经肌肉的协调能力和反应速度，这两个因素都可以提高人体的灵敏性。

4. 神经肌肉协调性

神经肌肉协调是指人的视觉、听觉、平衡感和熟练的运动技巧的综合运用。这项身体素质在球类项目中具有特别重要的意义。

5. 平衡

平衡指在移动或站着时，能够保持身体的稳定。滑冰、滑雪、体操、舞蹈等项目都是锻炼身体平衡的好方法，而闭上眼睛单脚站立锻炼也会有不错的效果。

6. 反应时

反应是指对外界的刺激有生理上的反应。很多项目的优秀选手都具有反应速度快的特点，尤其是在短距离的起步阶段。

尽管参加各种运动的人们对于身体各组成部分的发展水平的需求不尽相同，但各种身体要素都很重要，比如，心脏、心肺耐力、肌肉力量和耐力、柔韧性和身体成分，要想获得更高的运动技能，就需要充分开发以上各要素。

三、提高健康体能的锻炼原则

（一）循序渐进原则

循序渐进原则就是在向身体上施加负荷时要逐渐增大，以保持身体处于超负荷状态。循序渐进的原则由三个层次组成：一是逐步增加的运动负荷量（强度、持续时间、次数）；二是在训练内容上逐步进行，即训练内容由简到繁，动作规范由简单到复杂；三是步步为营，增加的速度太慢会影响体能提高，太快的话很可能导致身体的疲惫和受伤。

（二）练习顺序原则

提高肌肉力量的练习应考虑肌群的练习顺序。由于小肌群比大肌群更容易疲劳，所以一般先练习大肌群，后练习小肌群，另外，同一肌群应避免连续练习两次。根据这一原则，一些主要肌群的练习顺序如下：大腿和髋部→胸部和上臂→背部和大腿后侧→小腿和脚踝→肩和上臂→腹部→前臂→腰部。

（三）超负荷原则

超负荷原则是指运动中的负荷超过已适应的水平，它是增强体能的关键因素。在运动训练过程中，机体由于持续运动刺激而产生适应效果，一旦机体适应了这个负荷量，再用原有的负荷量就不能使机体产生新的刺激，因此需要更大的负荷量。为了增强肌力，肌肉练习时负荷量应超过平常状态下的负荷量；为了增加柔韧性，肌肉和韧带应比平常拉得更长；为了提高肌肉的耐力，应该延长肌肉的工作持续时间。如果用平常的负荷量练习，只能维持现有的体能状况；要是用低于平常的负荷量练习，还会使体能下降。

（四）专门性原则

专门性原则是指对身体某一部位和某种体能所进行的练习。增强肌肉力量并不能提高心肺耐力，提高柔韧性也不能改变肌肉成分。同理，只进行腿部练习，增强了腿部的功能；只对上臂进行练习，提高了上臂的功能。

专门性原则对于准备活动和整理活动也同样重要。运动中所使用的肌肉准备活动充分、整理活动适当，可以提高成绩、预防损伤、促进机体恢复。

（五）健康阈、训练阈和体能目标区

锻炼目标区按运动对人体的作用将其划分为"超负荷运动区""体能目标区""正常活动区""不活动区"四个部分。使身体得到良好的体能效果所需的最低运动量叫作训练门槛。体能靶区是指以训练阈值为基础，使身体达到最佳水平的运动负荷。

　　这两个概念从循序渐进原则延伸而来。一位新参加体育锻炼的人应该从训练阈开始逐渐增加运动负荷，直至最后达到最佳体能状态。如果运动负荷超过了目标区，就会产生不良效果，甚至会对身体造成损害。

　　训练阈值和运动靶区并非一成不变，会随着体能的变化而变化，运动阈值和运动目标值也会发生变化。适当的运动可以改善运动员的身体素质，使其自然训练阈值和身体指标区域得以改善。反之，长期不运动会导致体能下降，所以需要视情况而定。

　　训练阈可以提高健康体能的最小运动负荷，而充沛的体能可以增进健康和增加运动负荷。保持健康所需要的最小运动负荷称为健康阈。健康阈对提高体能帮助不大，训练阈既对体能有一定影响又可以增进健康。

第二节 体育锻炼与心肺耐力

一、体育锻炼与心肺耐力的变化

心脏和呼吸系统与循环系统有着紧密的关系。心肺系统将氧和养分输送至身体组织，并在适当的时候将诸如CO_2等的代谢垃圾从身体中排出。在运动中，骨骼肌肉的新陈代谢会加强，循环系统和呼吸系统会根据不同的调节机制来提高摄氧量，从而达到对氧气的需要。

在运动过程中，心脏输出量增大，血液重新分布，使运动性肌肉的血流得到提高，以达到健身时所需要的氧气。

血液再分配是指在运动时，内脏的血流量会降低，而在运动的时候，肌肉的血流量会变得更多；心脏输出量的提高可能包含了心率加快和脉搏输出量的增加。

在运动强度没有达到最大摄氧量以前，心率和摄氧量是呈线性关系的，也就是说，随着运动量的增加，心率会增加。运动后收缩压升高，而舒张压无明显改变。提高收缩压能加速肌肉的血液循环，不但能输送更多的氧气，还能带走更多的代谢废物。

呼吸系统的功能是维持血液中的氧气和二氧化碳的恒定。当你在做动作时，你的呼吸会变得更快，你会吸收更多的氧气，会呼出更多的CO_2。运动强度低于50%VO_2max时，呼吸频率和运动强度均呈正比增加；在VO_2max大于50%时，呼吸速度会加快，吸入更多氧气，呼出更多的CO_2。

二、提高心肺功能适应水平的锻炼模式

在不同程度上，心肺功能的适应程度受多方面不同程度的影响。较高的心肺适应能力最显著的好处是降低心脏疾病的危险性，延长寿命。其次是降低II型糖尿病危险性，降低血压，提高骨质密度。随着心脏和肺部的适应能力的提高，精力和体力都会变得更加饱满，能够做更多的事情，并且不容易感到疲惫。此外，有较高的心肺适应能力，睡眠质量也会较好。

运动方式、频率、强度、持续时间是提高心肺功能适应性的重要因素。

（一）锻炼方式

可以通过步行、慢跑、骑自行车、游泳等方式来提高心肺适应能力。

在选择锻炼方法的时候，应该先选自己喜爱的体育项目，只有做自己喜爱的体育项目，才能更好地坚持下来；其次，要从可行性和安全性两方面来考虑。具有强烈冲击性的锻炼（例如，跑步）比具有较低冲击力的锻炼（例如，游泳和骑车）更容易导致锻炼人员的损伤。对易受伤害的人群，尽量采用低冲击的方法，而不容易受伤的人可以随意选择锻炼方式。

（二）锻炼频率

一周两次运动可以增加心脏和肺的适应性，3～5次可以使心脏和肺部达到最佳的适应性，减少受伤的概率，但是一星期运动5次以上并不会增加心脏和肺部的适应性。

（三）运动强度

当运动强度达到50%VO_2max时，心、肺的适应性会得到提高，所以人们通常将这种强度称作"锻炼阈"。当前建议的最大摄氧量是50%～85%。

在确定运动强度时，心率指数的实用性要优于最高摄氧量指数，从而可以间接地反映运动强度。只有在某一强度以上的锻炼中，身体的适应能力才会被有效激发，而心率与目标心率相对应。目标心率通常用最大心率的百分数来表达。最大摄氧量为50%和85%时，心率为70%，最高心率为90%，所以目标心率为最大心率70%～90%。

（四）持续时间

最好的锻炼时间为20～60分钟（不含准备、整理），以提高心肺适应水平。一开始，每个人的适应性和训练强度都是不一样的，因此，训练的时长应该是有差别的。对于适应性不强的人来说，20～30分钟的运动可以改善他们的心肺适应能力，适应性高的人则需要40～60分钟。低强度的运动对运动的要求比高强度的运动要长，比如VO_2max的运动强度为50%，40～50分钟可以提高心肺适应能力，而70%VO_2max的运动只需要20～30分钟。

三、提高心肺适应能力的耐力练习

耐力练习，有时也被称为有氧运动，会引起身体各方面的适应性，如循环系统、呼吸系统、骨骼肌和能量供应系统。耐力练习的方式有很多种。

（一）综合练习

综合练习包括多种训练项目。比如，一天跑步，一天打网球，一天游泳。全面训练的好处之一是它可以避免每天重复做同样的动作而感到乏味，还能防止重复使用相同的身体部位。

（二）持续练习

持续练习指的是长时间、长距离、慢节奏和适度的运动（最高心率为70%），并且是最流行的心肺运动。在循序渐进的过程中，只要没有增加运动强度，练习者就可以很容易地进行身体训练。一次训练可以持续40分钟，而不会造成伤害。与高强度的锻炼相比，连续训练造成的伤害更少。

（三）间歇练习

间歇练习是一种重复进行强度、时间、距离和间隔的训练。不同的训练时长不同，但是通常是1～5分钟。在每一次训练之后都有一段休息的时间，这段休息的时间相等或者比训练的时间要长。

有一定的耐力底子，并期望达到较高的适应能力的人或运动员都会使用此项训练。间歇训练比连续训练更能让人做更多的运动，而且可以改变训练的方法，从而降低其他训练方法带来的单调乏味。

（四）法特莱克（Fartlek）练习

"Fartlek"是瑞典语，意为"速度运动"，是一种类似于间歇性训练的长距离跑步，但是其训练时间和休息时间的比例并不是很确定。法特莱克是一个很自由的运动，可以减少枯燥的感觉。

尽管耐力训练方式对于心脏和肺部的作用非常重要，但持续的耐力训练对于心脏和肺部的作用同样重要。每年，数以千计的人进行耐力训练，但是将近一半的人在头六个月内就放弃了。中途退出的理由很多，但最重要的是没有时间继续训练。不过你也可以抽出一些时间去运动，但是你要有一个合理的计划，并且坚持下去。你要明白，在运动时间上的小小投入，会带来巨大的健康收益。可以说，只要安排得当，每个人都有时间去运动。

另外一个退出的理由是耐力训练不够有趣，但是你要明白，像走路、跑步、骑单车等，这些都是很好的方法来提高你的心脏和肺部的适应性。另外，和朋友一起运动可以让你的耐力训练更有乐趣，因为你的同伴可以帮助你坚持运动。

运动前期出现的肌肉疼痛和不适是一种很常见的现象，一般在很短的一段时间内就会消失，并且随着心肺适应能力的增强，自我感觉和外在形象也会得到改善。总的来说，虽然要花时间和精力来达到并维持一个好的心态，但是你的健康和幸福会得到很好的回报。

第三节　体育锻炼与肌肉力量和肌肉耐力

一、力量练习的类型

按肌肉的收缩方式，可分为等张练习、等长练习、等动练习。

（一）等张练习

肌肉以等张收缩的方式进行有负荷或无负荷的动态阻力训练，即等张力训练或动力训练。等张练习是最常见的一种力量训练方法。等张训练可以提高人体的动态力量，提高肌肉的协调性，但是缺点是在训练的时候不能保证肌肉的每次收缩都是一样的，这样就会导致肌肉在各个关节的运动中出现不平衡的情况。

（二）等长练习

一种以等长的方式将身体维持在一个特定的姿势或与静止的阻力相抗衡的运动，即等长力训练或静强度训练，可以有效地发展最大的力量和最大的静力耐力。

20世纪50年代，有些学者发现，一周五天，一天一次，用最大力量的2/3等长度的肌肉收缩6秒，可以使你的最大力量得到最大提升。后来的研究显示这个结论有些夸张，但是大家都认为，等长度运动可以提高肌肉的力量和耐力。

等长力量训练和等张训练有两种不同之处：一是等长力量的发展具有很强的特殊性，如果通过等长训练来发展一种特殊的力量，可以在各个动作的各个部位进行不同的等长训练，而等张训练可以促进全身的肌肉和力量的发展。其次，在大强度的等长训练中，大脑的血流会因为缺氧等原因而减少，从而导致头晕目眩。

（三）等动练习

等动练习是指在动态条件下，通过专用的等动训练机来完成运动。在训练过程中，关节的各个角度都承受着同样的重量，因此肌肉可以得到更大的拉力。

等动练习是一种比较新型的力量锻炼方式，它能让全身的肌肉得到全方位的锻炼，能在较短的时间里大幅度地增强肌肉的力量，尤其是在陆地上进行的游泳运动员的力量锻炼。等动训练有一个缺点，即它的速度有一定的限制，这就制约了它的爆发力和适应大部分专业技术的需要。

二、影响肌肉力和耐力练习效果的若干因素

负重耐力训练是提高肌肉强度最重要的方法，其效果取决于训练中各种因素的影响。

（一）最高重复次数（RM）和组数（SET）

RM被广泛用于力量训练，而非心率。负重训练的持续过程并非以时间为单位，而是以群数SET来表达。

（1）RM：指在完成一定的重量训练时，可以用一个最大的重复次数来测量。如果一个人可以在这个重量下连续举起6次，那么这个重量对丁他来说就是6RM。若重量较轻，能持续抬升15次，此负荷为15RM。可见，RM只表示可以反复使用的最大次数，而不是绝对的重量。

（2）自律性训练：是一种训练，在一段时间内不间断地进行最高的训练，叫作一组。如果一个人在一个重量范围内，最多只能连续举起10个，那就是二组。训练项目的数量受到很多因素的影响，而训练目标不同，训练的组数也会有一定的差别。

按照递增阻力原理，当力量增加时，一定的负重也会随之增加。举例来

说，肌肉强度的运动处方是3SET、16RM，随着一段时间的锻炼，力量的增长，当此重量重复18次时，应该增加锻炼的重量。根据练习者的实际情况，提高训练强度，通常是10%的现有重量。

研究显示，在3SET、6RM的训练中，可以显著提高肌肉的强度。提高肌肉耐力的方法是4~6SET、8~20RM。

提高肌肉耐力的方法有两种：第一，在相同的条件下，持续提高最大的运动次数。第二，在相同的高度下，增加重量。后者还可以增加肌肉的强度。

（二）每组练习的间隔时间

力量练习的每组之间的间隔，通常都是以肌肉能够完全复原为标准。运动后3~5秒，肌肉恢复50次，2分钟后完全恢复。如果训练的目的是增加肌肉，那么训练的间隔就不那么重要了，通常是1分钟；如果要增加肌肉的耐力，6~8个星期的训练间隔应该由2分钟缩短到30秒。

（三）每次练习的间隔时间

如果是全身性的肌肉训练，最好是隔日进行。如果休息的时间太短，无法让自己的身体得到充分恢复，那么训练的效果就会大打折扣。如果你每天都在进行力量锻炼，那么你应该每天要锻炼不同的肌肉群。例如，每星期一、三、五练习上肢的力量，二、四、六练习下肢的力量。但要注意，恢复的时间不宜太长（4天或4天以上），否则锻炼所得到的力量和耐力就会消失。

三、发展肌肉力量和耐力的安全事项

（1）在使用杠铃进行力量训练时，需要有伙伴协助，在无法完成训练时，由伙伴提供掩护。

（2）将训练用的杠铃固定好，防止它滑下来，撞到身体。

（3）在进行负重训练前，必须做好充分的预备动作，以避免在训练过程中受伤。

（4）当进行负重训练时，若有剧烈的刺痛感，应立即终止训练。

（5）在进行负重训练时，要尽可能地防止窒息。在抬起的时候呼气，在下落的时候吸气，可以用嘴和鼻子进行。

（6）关于采用快举或慢举哪一种训练方法可以得到更大的力量，这一点仍然有争论。但是缓慢地举起重量可以降低受伤的概率，缓慢地举起重量不仅可以增加肌肉的体积，还可以增强肌肉的力量。

第四节　体育锻炼与柔韧性等基本身体素质

柔韧性是一种重要的体能成分。它是指人体关节的活动幅度，韧带、肌腱、肌肉、皮肤和其他组织的弹性和伸展能力。柔韧性包括两个含义：一是关节活动的幅度；二是韧带、肌腱、肌肉等软组织的伸展性。关节的运动幅度与其自身的结构有关，其柔韧性也存在差异。在这种情况下，关节的骨骼构造不会发生变化，而韧带、肌腱、肌肉等软组织的伸展能力却可以得到提高。

柔韧性是指某一关节或一组关节的活动，弹性可以仅限于同一关节（例如，膝关节），也可以与一系列关节（例如，脊椎）一起运动，这样，这些关节才能自由地弯曲和转动。"他的身体柔韧度极高"，其实说人的柔韧性很好并不准确，因为柔韧性只是相对于一种关节或者一种运动，一个人的踝、膝、髋等关节都很灵活，但是肩膀就没有那么灵活了。

在运动中，"柔"是指肌肉、韧带拉长的范围，"韧"是指肌肉、韧带保持一定的强度，可以控制关节的运动，柔和韧的结合便是柔韧，一起展现的能力才是柔韧体能。

一、柔韧性概述

（一）柔韧性的种类及特点

柔韧性和柔软性是不能混淆的，尽管可以用身体活动的幅度来衡量，但本质上却是不同的。从字面来理解，"柔韧"就是"柔"与"坚韧"，也就柔中有刚，刚柔并济；而柔软，则是柔而不硬，即柔中无刚，刚柔不济。就表现而言，柔韧是指在运动的幅度中包含了速度与力量，也就是在进行较大的运动时，仍然可以迅速而有力地收缩；而软绵绵的，就是幅度大，没有速度，没有力量，动作软绵绵的，能打出去，却不能收回来。身体运动要求的是柔韧性，而非柔软性。

1. 柔韧性从其与专项的关系上看，可分为一般柔韧性和专项柔韧性

广义的柔韧是一种灵活的身体素质，以适应普通技术的发展。专项柔韧是一种专门训练所要求的特定的柔韧性，因为它的灵活性很高，所以在运动的幅度和方向上也会因为项目要求的不同而有所差别。

2. 柔韧性从其外部运动状态上看，可分为动力柔韧性和静力柔韧性

动力柔韧性是指肌肉、肌腱、韧带在运动中的张力达到最大解剖学上的极限，然后通过强大的弹力进行运动。在爆发力之前，一切伸展都是动力柔韧。静力柔韧是指肌肉、肌腱、韧带，根据运动的要求，在运动中保持一定的姿势，使肌肉、肌腱、韧带达到运动所要求的角度。动力柔韧以静力柔韧为基础，但要有足够的力量。静力柔韧度好，但动态柔韧性未必好。

3. 从完成柔韧性练习的表现上看，可分为主动柔韧性和被动柔韧性

主动柔韧是指人们在积极的动作中所显示的柔韧程度。被动柔韧指的是一个人在受到某种外力的帮助下，或者在其他力量的帮助下的练习，比如在别人的帮助下进行压腿训练。主动柔韧性既能反映出对抗肌的伸展程度，又能反映出主动肌的收缩力量。从总体上看，主动柔韧度低于被动柔韧度，且差异愈小，则显示柔韧的发展程度愈趋平衡。

根据人体不同部位的柔韧性，可以划分为上肢柔韧性、下肢柔韧性、腰部柔韧性等。

（二）柔韧性的意义

从人体的生理解剖学上看，柔韧性是指肢体和躯干的各个关节。它的关节有肩、肘、腕、髋、膝、踝、脊柱等。为了使以上各个关节更具灵活性，可以进行柔韧的训练。

起初，柔韧被视为身体的一个构成要素，而不是一个健康的要素。但是，一个身体健全的人，要想身体自如地活动，就必须要有足够的灵活性。比如，关节炎病人的关节丧失了它的正常功能，一动就疼，活动受限，甚至不能正常的活动。由此可见，柔韧度也应该是一种健康的因素。

运动时，各个关节的运动幅度随项目的变化而变化。但是，各个关节的柔韧性的发展是其发展的根本，而要从全面的发展来看，一项运动所要求的柔韧性就显得尤为重要。如投掷、举重、游泳等对手腕的柔韧性要求更高；篮球、排球、小球等项目对手腕的柔韧性要求更高；体操、艺术体操、技巧、武术等，则是因为技术动作的要求，身体的各个关节都需有很高的柔韧性。对于任何运动，每个关节的柔韧性都有其特定的功能，哪个关节的柔韧性不好，就会影响到运动技巧的掌握和运用，所以各个关节的柔韧性发展是互相交替促进的。

在掌握动作技能和改善健康方面，增强柔韧性的具体作用可以概括为：

（1）柔韧性是身体体能的一个重要指标。

（2）加大活动幅度，提高动作效果，有利于促进肌肉力量和速度的发挥。

（3）增强人体的关节柔韧度，保持人体运动姿态的优美。

（4）加快动作的掌握进程，让动作学起来轻松自如，动作也更协调、更准确。

（5）降低对软组织如肌肉的损伤，预防意外的发生。

（6）对放松肌肉、稳定情绪有帮助。

二、影响柔韧性的因素

柔韧性在所有的关节中都有自己的特殊性，所以良好的髋关节柔韧性与上肢、腰、踝的柔韧程度无关。长期进行拉伸训练的关节会很灵活，但是没有锻炼出来的关节仍然很脆弱。各关节的弹性受各方面因素的影响，了解其影响因素，可以帮助我们更好地应用练习方法、手段和预防受伤。

（一）关节结构及其周围组织

根据人类的生理发展规律，骨关节的构造是有限制的，它可以控制关节的运动，而关节不能被强迫地延伸到其结构不能承受的极限。关节的运动范围取决于关节头与关节窝之间的差值，其运动幅度越大，关节运动的幅度也就越大。不同关节的运动幅度不同，肩部和髋部的活动范围较大，腕部和踝部的活动范围较小。骨关节的构造也是因人而异的，比如，有的人出现肘部尺骨鹰嘴突出的现象，导致肘关节无法充分展开；而一些人的鼻尖较短，就会导致肘部过度拉伸而产生弯曲，这就是所谓的"紧关节"与"松关节"。人体的骨骼结构是与生俱来的，很难通过运动来改变，但是可以让每一个关节都能发挥出最大的力量。

关节的强化，主要是依靠韧带和肌腱，而肌肉则是通过加强关节的外力来控制关节的运动，让关节在有限的空间中活动，避免关节超过解剖学的极限。在发展特定关节的灵活性的时候，主要是发展关节屈、伸肌的伸展性和协调性，牵拉限制关节活动的对抗肌，逐步提高关节的伸展能力。要想使关节在解剖学上达到最大的伸展能力，就必须在完全克服对抗肌的限制之后，再向肌腱拉伸，最后向韧带拉伸，因此，我们通常称之为"拉韧带"，是指肌肉和肌腱的拉伸。

关节附近的肌肉块太大，或者有太多的脂肪，都会对身体的柔韧性产生一定的影响。如果肩部三角肌太大，就会影响肩关节的运动。肱二头肌太大会导致肘部的屈曲等。肥胖会限制身体的活动，增加皮下脂肪，使肌肉的收缩力度变小，同时脂肪占据了一定的空间，就会影响到身体的灵活性，也就会使柔韧的有效幅度受限。

（二）皮肤也会影响关节的活动幅度

如果一个人的身体上有一道深深的伤痕，特别是在关节的皮肤上，就会形成一道永久的伤痕，因为它不能随着关节的活动而伸展。

（三）年龄和性别

从人体的生长规律来看，新生儿的柔韧性是最好的，随着年龄的增长、骨骼的骨化及肌肉的增长而增强。10岁之前,柔韧性会自然而然地得到发展,10岁之后,柔韧性就会有所下降。所以在10岁之前给予儿童适当的柔韧训练,以提高他们天生的柔韧度。10~13岁是性成熟的早期阶段,肌肉韧带的弹性和伸展性仍然有很大的弹性和伸展性,适当的灵活性训练仍然可以达到预期的效果,并且有利于身高的增长。超过这个年纪发展柔韧性,会让人承受更多的疼痛,不但耗时长、收效慢,还会造成伤害。13~15岁是生长期,骨骼的生长速度已经超过了肌肉的生长速度,柔韧程度会降低,这个时候不能过度地进行柔韧训练,否则会拉伤。16~20岁时,随着年龄的增长,可以加大柔韧负荷、增加难度,并在原有基础上进一步提高柔韧性。

从生理结构上看,女性在柔韧性上要优于男性。男性肌纤维略粗,横断面大,收缩力大,所有肌纤维都很强;女性肌纤维较细,横断面较少,伸展性较高,肌肉纤维强度较大。所以女性的关节比男性更有弹性。

(四)温度

随着肌肉温度的上升,代谢增强,血液供应增多,肌肉的黏滞性降低,使肌肉的弹性和伸缩性得到提高。人体的柔韧性受外界环境温度和人体温度的影响,通过调整人体的体温来调节身体的不适。在室外气温较低的情况下,要做好充足的准备活动,以提高肌肉的温度和身体的柔韧性;在室外气温较高时,要排出汗液来降低温度,避免肌肉过早疲劳,从而影响关节的柔韧性。

(五)其他因素

1. 神经过程转换

神经兴奋和抑制的转化具有较高的灵活性,对肌肉的收缩和松弛有很好的调节作用,反之则差。

2. 活动水平

不爱活动的人的柔韧性不如那些经常运动的人。同为经常锻炼的人,其柔韧性因其方法、手段、力量和强度的不同而有所差别。

3. 心理因素

强烈的精神紧张和长时间的紧张会导致神经过程从兴奋到抑制,会影响肌肉的协调性，进而影响到身体的柔韧性。

4. 疲劳程度

长期工作后，肌肉的弹性、伸展性、兴奋性都会下降，使肌肉的收缩和松弛不完全，使各个肌群无法协调，从而导致关节的柔韧性下降。

5. 时间

一天下来，身体的机能状况和柔韧性都会发生变化，早上的柔韧性较差，上午和下午表现较好，这与身体的觉醒程度有关。

6. 遗传

有些人的关节具有很好的柔韧性，而有些人却很弱，这是基因的原因。

7. 营养

没有任何营养物质可以提高关节的柔韧性，但是缺乏维生素C会对关节的运动范围产生一定的影响。

三、关节柔韧性的练习方法

在训练项目中，要有针对性、有选择地进行训练，以提高其柔韧性。柔韧训练通常是在适当的热身之后进行，或者是在每次训练的最后阶段进行。

在进行弹性拉伸之前，可以采取静态拉伸或PNF拉伸。以下是几种锻炼人体各个关节柔韧度的常见训练方法。

（一）肩关节柔韧性练习

1. 压肩

（1）将肩膀向前推。

拉伸肌：胸肌、背阔肌。

方法：用两个人的手托住某一高度的物体，或者两个人握着对方的肩膀，身体前屈，直臂按住肩膀。

（2）将肩膀向后推。

伸展肌：胸大肌、前三角肌。

方法：用双手托住某一高度的物体，然后下蹲，用直臂按压肩膀。

2. 吊肩

拉伸肌：肩带附近的肌群，如胸大肌、背阔肌。

方法：对单杠各种握法（正、反、竖、翻等握法）进行悬挂；或悬挂单杠后，两条腿从双手之间穿下，倒吊起来。

3. 转肩

伸展的肌肉：围绕着肩膀的肌肉。

方法：用木棒、绳子、毛巾等做前、后旋肩，并逐步减小握力。

（二）下肢柔韧性练习

1. 弓箭步压腿

伸展肌：大腿屈肌、股四头肌.

方法：往前一大步作弓形，后跟抬起，膝盖微曲，将髋部向前推。

2. 后拉腿

伸展肌：大腿屈肌、股四头肌.

方法：用一只手托住某一高度的物体，另一只手抓住另一侧的脚，将其向后拉。

3. 正压腿

拉伸肌：股后肌群、小腿三头肌。

方法：一只脚支撑，一只脚放在某一高的物体上，双膝伸展，身体向下倾斜。

4. 侧压腿

拉伸肌：股后肌群、小腿三头肌。

方法：侧立单脚支撑，一条腿放在某一高的物体上，双膝伸展，侧向下弯曲。

（三）踝关节柔韧性练习

1. 跪压

拉伸肌：前腿肌、股四头肌。

方法：双膝跪地，脚掌伸展，臀部坐于脚跟。

2. 倾压

拉伸的肌肉：后部的肌群。

方法：双手撑着墙壁站立在某一高的物体上，先是提起脚跟，然后再向下，身体微微向前倾斜。

（四）腰腹部柔韧性练习

1. 体前屈

拉伸的肌肉：背部和股后肌群。

方法：双脚并拢或分开，膝盖伸直，身体向下倾斜。

2. 体侧屈

拉伸的肌肉：身体一侧的肌肉。

方法：双脚分开，一只胳膊抬起，上臂紧贴耳朵，侧向下弯曲。

3. 转体

伸展的肌肉：身体和臀部的旋转肌。

方法：将一条腿放在另一条腿的外侧，将身体向弯曲的方向扭转。

第三章

体育锻炼与心理健康

第一节　心理健康的内涵及理论

一、心理健康的定义

从广义上说，心理健康是指一个人的心理调节能力和发展程度，也就是一个人在内外环境发生改变时，能够持续地保持一个正常的状态，这是多种心理因素在一个良好的态势下运行的综合结果。但是，心理健康到底是怎么一回事，在心理学上众说纷纭。

《简明不列颠百科全书》把心理健康定义为："心理健康是个体在自身和周围环境条件允许的情况下能够实现的最佳的机能状态，而非完美的绝对状态。"

美国健康和人力服务部门（U.S.Department of Health of Health：A Report of the Surgeon）发表的心理健康报告（Mental Health：A Report of the Surgeon），其心理健康的定义是：心理健康是一种成功的心理机能的体现，它可以使人们进行有效的活动，使人际关系更加完善，能够适应环境的改变，应对各种困难。心理健康对于个人幸福、家庭、人际关系、社区和社会都至关重要。心理学家H.B.恩格利什认为，心理健康是一种积极的、丰富的、持久的、不受心理疾病影响的心理状态。

社会学家W.W.贝姆相信，心理健康就是在一定程度上的社会行为，一方面可以被社会所接纳，另一方面也可以给自己带来快乐。

尽管心理学上存在各种不同的说法，但是它们都从不同的角度来分析心理健康现象，所以各种流派的心理健康观念在某种程度上是成立的。

二、心理健康的标准

目前已有学者将其分类为统计学标准、社会学标准、医学标准。用统计学的方法来发现一个人的正常行为的数字分布，当他的行为接近于平均水平时，他就被视为健康，而当他的行为与平均水平相差甚远时，他就会被视为不健康。社会学的准则认为，社会中的大多数人都有一定的行为准则，只要他们的行为与社会准则相符，他们就可以被视为心理上的健康。如果一个人的行为与这些社会准则背道而驰，就是一个心理不健康的人。医学标准认为没有心理疾病症状的人是健康的，而那些有心理疾病症状的人就是心理不健康的。然而，各流派对心理健康有不同的界定，其所提出的心理健康标准也各有差异。

第三届国际心理卫生会议提出的心理健康标准是：①身体、智力、情绪十分和谐；②适应社会，相互尊重；③感到快乐；④能够充分利用自己的才能，有效地工作和生活。

马斯洛（A.Maslow）建议，可以用10个标准来衡量心理健康：①有足够的安全感；②对自己有适当的评价；③有一定的自发和敏感性；④与真实的环境保持良好接触；⑤能够保持人格的完整性和和谐；⑥能从经验中吸取教训；⑦能够与团队成员建立良好的关系；⑧有切实的人生目标；⑨适当地满足个别需求；⑩能够在不违反集体原则的情况下保持自己的个性。

Marie Jahoda的心理健康准则：①认识自我和情绪；②取得成功，并能展望未来；③拥有良好的心态，能够抵御压力；④自主权，了解自己的需求；⑤对客观事实的真实、无歪曲的理解，同时也能产生同情心和同感心；⑥做环境的主人；⑦能工作、能爱、能玩，并能处理问题。

刘协和提出了五个心理健康标准：①无精神障碍；②智力发育正常；③性格健全；④精力旺盛；⑤情感生活丰富。

王登峰关于心理健康的八大准则是：①认识自己，悦纳自己；②接纳别人，善与人处；③正视现实，接受现实；④对生活充满热爱，工作热情；⑤具有良好的情绪调节能力，具有良好的心态；⑥性格健全、和谐，精神健全；⑦智力正常，智商在80分以上；⑧与年龄相关的心理行为。

祝蓓里、季浏对心理健康的评价主要有：①智力正常；②良好的情感控制力；③能够正确地评价自己；④与他人相处融洽。

景怀斌对五种心理健康指标进行了分析：①树立正确的人生态度；②对客观事物的客观准确的认知过程；③适应、和谐、发展的行为习惯；④身体和心理状态都很好；⑤能够自我调节。

黄坚厚的心理健康准则有四个：①积极工作；②与人相处融洽；③对自己有一定的认识；④与真实的环境保持良好接触。

张春兴的心理健康水平为：①情绪稳定，不存在长期的焦虑和矛盾；②愿意工作，能够胜任工作；③与人相处融洽，并愿意与人相处；④对自己有足够的认识，并具有愉悦的态度；⑤对所处的环境有切实认知，能够有效率地处理问题，不回避。

第二节 体育锻炼的心理效益

一、体育锻炼对认知功能的影响

（一）体育锻炼对智力的影响

体育锻炼对智力的影响主要集中于儿童阶段，而体育锻炼与智力发展之间的关系则是直接反映于儿童。

苏联学者科尔加娃用计算机测试了六个月大的宝宝，发现频繁地帮助宝宝弯曲和伸展右手的动作可以加快宝宝的左脑语言中心的发育。路迪斯尔对40位幼儿园的幼儿进行了测试，发现在练习动作技巧后，幼儿的感知、感知技能的精确度均得到显著改善，并且与年龄、种族、社会经济状况、父母教养方式等因素相关。

傅政军等对幼儿园大班的儿童进行了实验，发现儿童的左右手动作能力发展水平与其心理潜力存在一定的关系，运动技巧的提升能够促进其智力水平的提高，从而更好地发挥其潜能。与此同时，儿童的身体活动和智力发展的关系也很大。智力发育迟缓的幼儿，其生理活动发育也有较大的滞后。有研究表明，智力低于75的低能儿童在体力上的表现远低于同龄人，一个14岁的弱智儿童的水平只能和7岁的孩子差不多，而在纵跳和平衡方面，他们的表现也只是比正常的7岁孩子要好一些，但是和12岁的孩子比起来还是有很大的差距。

研究人员相信，体育锻炼可以提高孩子的智力，主要是因为经常锻炼可以改善中枢神经系统，增强大脑皮层的兴奋和抑制的协调，增强了神经系统的兴奋和抑制的转换，从而增强了大脑皮层的均衡性和准确性，增强了人类的感知能力、大脑的灵活性、协调性和反应速度，并通过定期的体育锻炼来培养对时间、空间和运动的感知能力，使本体感觉、重力、触觉、速度、高度感觉等更加准确，从而提高了脑细胞的工作能力。

（二）体育锻炼与认知活动的研究

许多学者在不同的体育锻炼下，对体育锻炼和认知活动的相关性进行了研究。一些研究认为，身体和心理与个人的认知能力存在一定的联系，而体育锻炼对于复杂的认知任务具有积极的作用，而非单纯的认知活动。

此外，在体育锻炼和认知行为（如反应、注意、集中、思维混乱等）相关的研究中，也有许多关于老年人的研究。许多研究显示，较少参加体育锻炼的老人，其认知能力的衰退程度较少，甚至较年长时开始体育锻炼亦能提高资讯处理能力。

体育锻炼能够促进老年人的认知能力的发展，这是因为他们相信体育锻炼能够促进脑部血液循环，从而增加对脑部的养分供给，以及增强机体的认知能力。研究表明，中强度的运动可以提高脑部的血液流动，从而引起神经递质水平的变化，同时也会增加去甲肾上腺素、血清基、吗啡的分泌。体育锻炼可以保证脑部的能量物质和氧的供给，促进脑部神经细胞的生长，从而提升脑皮层的活动强度、均衡性、灵活性、综合分析能力，同时还可以促进人类的感知能力，从而提高反应速度、灵活性、协调性等。

（三）体育锻炼与自尊的关系

1. 身体自尊概念的发展

在体育锻炼心理学中，虽然过去有一些关于自尊、自我价值、自我概念、自我效能和感知能力的使用，但是最近几年，人们对它们的概念有了一些新的认识。自尊是一个人对自己的归因和特性做出的评价或情感回应，是一个人对自己的认识。自我概念是指对自身的整体认识，包括身体归因、个性特征、社会因素、行为方式等。而自我效能、自信和知觉能力则是自尊的一个组成部分或一个维度。这就是从单一的自我意识到多元的自我意识。多维度的自尊观念认为，个人在认知和判断方面存在明显差异，例如，社会领域、认知领域和身体领域。接着，福克斯和科宾等将身体领域中的自我尊重分为运动能力、躯体吸引力、身体力量、身体条件反应和实践能力。在自我尊重观念的发展过程中，体育活动与自尊之间的关系既包括整体自尊，又分别对组成自尊的各组成部分进行评估。

2. 体育锻炼对自尊的影响

格鲁伯在27项关于参与体育活动和自尊和人格维度的改变的实验中发现，体育活动对孩子的自尊心产生了重要影响。研究表明，体育活动给智力障碍、可训练的智力低下、知觉障碍等有障碍的儿童带来的自尊心比一般儿童更强。格鲁伯相信，造成这种情况的原因是，在参加体育锻炼前，残疾孩子的自尊心比较弱。同时本研究也发现，在体能与有氧运动训练中，孩子们的个人进步更直接、更明显，孩子们对自己的能力和成就的认知也会随之提升。所以，与体育相关的体育锻炼相比，体能锻炼和有氧体育锻炼更有利于提高孩子的自尊心。

体育锻炼和自我尊重的研究主要是从两个方面展开的。一方面，体育锻炼与特定的自我尊重和组成特定区域自尊（尤其是生理自尊）的因素的关系；另一方面，体育活动对特定领域的自尊和组成要素的改变能否导致总体自尊的改变。马什、杰克森等人的研究表明，女性运动员在身体上的自尊比非运动员的女性要高，而在其他特定的自尊方面，她们的差别很小或者不明显。马什和帕特对11至14岁的女生进行了为期6个星期的非竞争性有氧运动调研，结果显示，体育锻炼对整体自尊的影响不大，但对躯体自尊的各个组成成分有一定的影响。

尽管大量的研究表明，体育锻炼能够改善一个人的总体自尊心或自尊的某一维度，但是有些研究并不支持这种看法。福克斯从1971年开始对37个随机试验进行了分析，结果显示，78%的人相信体育活动能改善一个人的生理自尊心或者生理上的自信。仅有半数人相信体育活动可以提升总体的自尊心。这种现象的成因多种多样，但有一点需要注意的是，自尊是一种主观的自觉，它必然受到周围环境的影响。加西亚的一项关于发展的体育技巧与孩子的自尊心之间的关系的研究表明，技术能力与自我尊重之间是一种动态的互动关系，两者都受到环境的影响。家长的支持、性别等都会对幼儿的自尊产生影响。所以对这些附加变量的控制将直接影响他们的研究成果。

二、体育锻炼对情绪的影响

（一）体育锻炼对焦虑、抑郁的影响

近年来，大量研究表明，运动对短期情绪有明显的影响。一次身体锻炼可以明显地改善诸如紧张、困惑、疲劳、焦虑、抑郁和愤怒等负面情绪状况，并使人们的能量和愉悦感得到明显的提升。姒刚彦等采用BFS量表对老年人进行的问卷调查显示，16%的受访者在4个积极维度中都回答"是"，34%的受访者在3个维度中选择了肯定的答案。另一项调查显示，在训练后即刻进行的测试中，他们的状态焦虑、抑郁、紧张、心理混乱等都有明显的下降，而精力和愉悦感则有明显的提高。同时，这项研究也表明，在锻炼之后，这种即时的情绪变化与个人的健康状况、锻炼方式、运动强度、运动和情绪测量的间隔都是相关的。

斯坦伯格等研究人员将25分钟内不同程度的有氧锻炼与看电视的对照组进行对比，结果显示，在锻炼后积极情绪增加，负面情绪降低，并发现连续30分钟的一次性体力活动能带来较奵的短期情感体验。

巴哈克、摩根等将受试者分成2个小组：①跑步时用70%VO_2max步行；②舒舒服服地坐在沙发上。20分钟后，对三组患者的状态焦虑程度进行了对比，结果显示，他们的平均状态焦虑程度都降低了。

当然，也有一些研究表明，运动没有产生短期的情绪效应。比如，金等人在1989年的一项研究中发现，在持续的运动之后，他们的焦虑、紧张和抑郁情绪并没有明显的改变。

运动活动对情绪的积极影响主要在于兴趣爱好、摆脱日常生活的烦恼、

能力感、运动技能和社交能力等。另一些学者认为，情绪的提高与运动的特性有关，如果一个人在进行一种愉快的、非竞争性的、重复的、有节律的运动时，他的心情就会变得很好。

（二）体育锻炼与主观幸福感

主观幸福感是指自我设定的自我评估准则，对自己的生命品质进行全面评估。人们普遍把幸福分为三个维度：积极情绪、消极情绪和对生活满意度。辛得和斯波瑞德泽的研究表明，体育锻炼和主观快乐是有一定联系的，并且女人的身体状况要好于男人。

卡特对经常参加运动的人的快乐程度进行了调查，结果显示，运动和快乐有直接关系，并且这个相关性是0.27。他相信，运动可以改变神经系统，增强自我效能，提升社交能力。科林斯将受试者分成增强心血管功能的对照组和降低心血管条件的对照组。卡曼恩对身体运动和主观快乐的影响进行了研究。欧弗曼采用女性运动员作为研究对象，发现女性运动员的主观幸福感高于非运动员，但没有明显的差异。运动健美操和篮球健美操水平有一定的差别，但没有明显的差别。

洛克斯和马克奥里将43位HIV感染者随机分成11个有氧训练组、12个力量训练组和10个对照组，结果显示，有氧训练组和力量训练组的积极情绪、消极情绪和对生活的满足感都有明显的提高。

（三）体育锻炼与应激反应

近十年来，人们对体育锻炼减少应激反应的研究很多。事实上，从19世纪50年代起，人们就一直在关注体育锻炼对精神压力的作用。米歇尔在1957年的一项研究中发现，体育锻炼可以提高小肠的运动能力，这是因为体育锻炼可以改善副交感神经系统，经常运动可以刺激肾上腺，提高体内的激素含量，从而达到对抗压力的目的。虽然米歇尔早年曾做出过努力，但直到19世纪70年代末，人们才逐渐接受了他的看法。有些研究也证实了他的说法，体育锻炼可以减少压力，因为体育锻炼可以减少肾上腺素受体的数量和敏感度。比如，朗格就让那些有高度紧张反应的成人参与步行、跑步或者进行压力预防训练。研究发现，与对照组相比，没有进行过任何培训的受试者对压力情况的适应能力更强。

1990年，格奥斯、罗伦兹等人对几个具有代表性的数据进行了对比，结果显示，实验组在7个星期的训练时间内，压力反应下降。当然，体育锻炼对应激反应的影响并不是一一对应的，也就是说，很有可能体育锻炼对应激反应起到显著效果。另外，格奥斯及其同事也注意到，在进行相应的分析时，不能将有氧运动与心脏舒张性反应或迷走神经反应联系在一起。

另外，最近的一些研究也表明，身体素质的提升可以增强身体的抗应激和紧张的能力，体育锻炼可以使大脑分泌一种天然的镇静剂——内啡肽。

（四）体育锻炼与心境状态

心境状态是一种情绪或感情的觉醒，是一种微弱但持续的、带有传染性的情绪。心理健康的一个重要指标就是要有一个良好的心态。心理医生和精神病学家都相信，体育锻炼是改善情绪最有效的方法，所以他们更希望通过体育锻炼来帮助病人。

许多关于体育锻炼对情绪的影响的研究均以情绪状态量表（POMS）为指标，共65项，包括紧张、沮丧、敌意、兴奋、沮丧和困惑等。有氧运动对个体的精力（＋）、紧张（－）、疲劳（－）和混乱（－）有轻微到中等的影响。有研究显示，1个小时的跑步能显著减轻人们的紧张和焦虑，并能减轻人们的敌意；50至100千米的超长距离马拉松可以显著地提高POMS的五项指标。研究人员对348位喜欢马拉松的人和856位学生进行了研究，发现他们在POMS的五项测试中都得到了显著提高。

运动强度的不同对心理状态的影响也会有所不同。一项研究以94位英国人为受试者，考察了三种训练方法在心理健康上的作用，并将其分为高强度训练（70%～75%）、中等强度训练（60%最大心率）、低强度训练。这三个训练项目的训练频率和时长都是一样的。实验前和实验后均进行了心理状态检测，实验后3个月进行后续检测。研究结果显示，高强度训练组的身体机能得到最大的改善，而中等强度训练组则表现出较好的心理调整效果。

第三节　影响体育锻炼心理效益的因素

一、令人愉快和有趣的活动

为了达到最大程度的情感利益，体育活动或体育锻炼的先决条件是参与者能从中得到快乐。如果一个锻炼者为了改善自己的精神状态而进行运动，但不能从运动和活动中得到快乐，却不可思议地提高了积极的情绪，这是难以想象的。另外，因为娱乐和坚持运动是息息相关的，所以只有长期的体育活动才会带来最好的情绪效益。

当然，人们在寻求快乐和娱乐方面也有很大的不同。同样的运动和运动方式，对某些人的情绪有积极影响，对其他人不一定有效，对某些人还有负面影响。比如，有些人在严酷的天气中运动时会获得极大的快乐，而有些人则会由于天气不好而失去运动的乐趣。

二、有氧运动

很多研究都对有氧运动的心理益处进行了调查，其基本观点是：有氧运动与情绪变化和压力降低相关。重复跑步与很多自我感觉良好的心态有关，如减少焦虑、沮丧、自我概念、压力承受能力等。此外，还有一些研究表明，跑步与其他常用的压力缓解方法具有相同的作用，例如放松反应、压力接种训练、渐进放松训练等。对于很多人，失败会减少很多积极的情绪，比如兴奋、自我效能、自豪感、成就感、胜利感和控制感，等等。

很多研究都认为有氧运动很重要，而且不同的有氧运动都能促进人的精神状态，但至今还没有发现某项单独的"有氧"运动对情绪有积极影响。过去的研究发现，"有氧"状态往往与低强度、腹部呼吸有关。所以，我们现在还不能确定，究竟是"有氧"状态，还是腹部呼吸，或者是低强度的运动，对我们的心情有积极影响。

除了有氧运动以外，还有一个对运动和体育锻炼有利情绪的原因是腹部呼吸。我们可以假定，如果有氧运动和积极情绪的增长紧密联系在一起，有氧运动的质量越高，活动或锻炼的效果也会更好。但是对瑜伽、步行和低负荷动力单车的心理效果的研究表明，尽管这些运动也符合慢跑、游泳等"有氧"项目的特点，但是上面提到的这些项目对于呼吸方式的改变，并非与训练的质量有关，而是与心理效益相关。中国传统的东方健身运动，注重腹部有节律的运动，而太极、气功、导引等运动则特别注重呼吸技术，这似乎也证明了腹部呼吸与身心的双重作用。

三、负荷强度

尽管运动的强度还存在争论，但是适度的运动似乎和增强心理健康有着很大的关系。一些研究表明，高强度运动（例如，80%VO$_2$max）会减少压力。其他研究显示，高强度的锻炼会增加压力，并且会对心理的自我感觉产生反作用。有学者提出，运动强度应该保持在低强度的静息心率到最高心率的30%到60%之间；老年人和男性运动员在低心率100bpm下行走15分钟后，肌肉的电活性明显下降。

一些研究发现：适度运动对增强心理健康的效果优于高强度运动。一份报告指出：8分钟高强度运动（100W）运动后，心境状态量表测定显示，短期内有较大的压力和疲劳；在低强度的运动（25W）中，在精力和活力上都有了积极的变化。这项研究表明，较少的运动对心理状态有更好的影响。我们有更多的证据表明，低强度运动可以促进人们的心理健康，我们可以说，

"中等强度"是最好的运动强度。

四、每次锻炼的持续时间

尽管也有一些研究显示，5分钟的走路同样可以改善情绪，但是大部分的研究都认为，产生心理上的好处要花20到30分钟。另一些人则相信60分钟的持续时间会更好。

在大部分情况下，如果一次运动的持续时间不超过20分钟，那么它并不会产生什么心理上的好处，因为在它产生好处之前，它的体力活动就会停止。一些人相信：通过40到50分钟体育活动，进入一种积极的陶醉状态，会让你的大脑得到充分的休息。

在一定强度下，如果运动的时间太长，就会导致疲劳、厌倦，这不但会影响心情，还会损害情绪。摩根等人在一个长期运动的实验中证明了这个观点。实验研究了运动员的心理状态变化，他们有意地提高了运动距离。在10天里，他们的游泳距离由4000米增至9000米（训练时间至少是原来的两倍），而且他们的运动强度也达到了94%。结果显示：学生游泳运动员抑郁、愤怒、疲劳感、整体情绪失调得分明显增高，似乎运动的时长一旦超出限制（根据身体状况不同）就会出现负面情绪。

五、长期坚持，养成习惯

心理健康的调查显示，当训练时间延长（数星期或数个时期），心理健康的益处也会随之增长。一项研究利用自行车让受试者进行高强度运动（80%~85%）的体能训练，同时还进行了一次生理测试。研究发现，那些没有长期运动习惯的人，在高强度运动后，他们的焦虑水平并没有降低。

出现以上结果的一个原因是：长期运动的人也许能够通过长期的运动来解释身体的各种感受，然后根据这些感受来制定运动的调节方向，这样他们就可以在运动中得到有效的放松。另外，一些人相信，一般人在运动后的心理效果可以维持2～4小时；运动后出现的焦虑暂时下降和收缩压降低的作用可能会持续2～3小时，比单纯的休息要长。所以为了保持体育锻炼的心理效果，并控制其长期的效果，就需要把体育锻炼变成一种有规律的生活方式，并长期坚持，养成习惯。

第四章

体育教学技能的提升

第一节 体育教学技能提升基本理论

一、教学技能概念

教学技能是教师必须具备的教育与教学技术，对提高教学质量、促进教学创新起着重要作用。教学技巧的外在表现为：成功地、创造性地完成既定的教学任务，实现教学目标，取得有效的教学手段；内在表现为教师的个性、创造性与教学需求之间的内在联系，是教师知识、技能、心理特征和个性特征的内在联系。从表面上来看，教学技巧是一种能够有效地提高学生在课堂中的学习能力的方法。从深层次上看，教师的职业品格、专业素养是教师的外在表现，也是教师教学能力的一个重要指标。

关于教学技能的观念众说纷纭，人们从多个角度来看待，用不同的类别来表述，并将其应用到各个层面。在对教学技能众多的界定中，主要概括为四个学说：行为说、活动方式说、结构说、知识说。

（一）行为说

"行为说"是教师在课堂上利用自己的专业知识和教学理论来推动学生的学习。体育教学技能是指在体育教学活动中，教师在进行体育活动时所采取的一系列行为形式。它是基于行为心理学的一种教学技巧，把教师的教学技巧定义为外在的行为，把教师的教学技巧看作可描述、可操作、可观察、可分解和可测量的教师外显教育行为，这为教学技能的有效训练提供了客观依据。它的客观和可操作性是值得肯定的。但是，教师的行为是一个复杂的过程。它不仅具有外显的一面，也具有内隐性和观念性的一面，如教学内容的选择与编制技能就有内隐性和观念性的一面。因此，行为说在教学技能的训练方法上必然导致机械的模仿和重复练习。

（二）活动方式说

"活动方式说"强调的是教学技巧的运用，它是一种非常普遍、有效的教学活动，以实现教学中的特定目的。这种观点借鉴了认知心理学关于技能的定义。这种教学技巧观是指在教学活动中有特定的程序和次序，但是"活动方式"的观念依然是外在的教学技巧，把教育技巧看成是活动的行为形式。而在教学活动中，有许多无法通过活动形式来表达的思维技巧，因而无法揭示出思维技巧和知识之间的内在关系。因此，活动方式说在技能训练方法上仍然容易导致低水平重复练习，难以形成艺术化的教学风格。

（三）结构说

"结构说"以结构主义为依据。结构主义是认知心理学派中的一个分支，结构主义理论的内容很丰富，它的核心思想是"以人为本""主动探索""主动发现"和"主动建构"。持该观点的斯诺认为"教学技能是由与行为及认知有关的事项的结构系列组成"。这种观点试图将外显行为与认知活动方式整合起来，由单纯强调外显行为转向注重外显行为与认知因素二者的结合，相比前两种学说更全面科学，强调了教学技能结构中各因素的相互联系。但这种观点只描述了教学技能的构成要素，没给教学技能以明确界定，难以指导教学技能训练。

（四）知识说

"知识说"是从现代认知心理学的角度出发，把教学技巧融入知识的范畴中。在认知心理学的广义知识观中，动作技能、智力技能、认知策略均被看作一种程序知识。这一观点认为，知识和技能的连贯性，就是教学中的程序知识，这对于揭示技术的心理机理具有积极作用。但是，由于其混淆了"知识"和"技术"的概念，过于注重"内在"的认知结构，而忽略了"外在"的特性，从而使"知识"的本质特征被"否定"。

上述四个不同的看法，均认为教学技巧是教师的教学行为或活动形式，它们与教育心理学对技能的定义是一致的，都具有一定的价值和合理性。

教学技巧的含义是指在教学过程中，教师能够成功地达到教学目的而采取的一套行之有效的行为策略，它是知识和行动能力的结合。知识能力是指利用内在的语言在大脑中进行的认知活动，而动作技巧是通过实践而巩固的、自动化的、完善的动作活动。

二、体育教学技能

体育教学技能是一种以教学理论为指导的教学方法，利用自身的知识和经验，使学生掌握基本的知识、技术和技能。体育教师要开展有效的教学活动，除了要有扎实的理论基础，还要有熟练的技术操作技巧。在此基础上，体育教学能力是体育教师的核心能力。体育教师不具备上述基础知识，是无法胜任体育工作的，更无法成为一位合格的职业体育教师。

三、体育教学技能的特点

（一）体育教学技能具有目标指向性

体育教学是一项有计划、有明确目标的活动，教学技巧的不同与教学目标的不同有关。比如，引入技巧可以引起学生的注意，引起学生的学习兴趣，启发他们的思考，让他们清楚地了解课堂教学的目标和任务；展示性技巧的目的在于使学生树立正确的行为表现，使其在脑海中产生直观的形象，能够进行分析、解决问题，并使其具有良好的审美和艺术素养；在教学中，教师要培养学生对运动的基本概念，理解运动的基本规律和交流的本质。因此，为了使教学工作能够顺利地完成，实现教学目标，需要有相应的教学技巧。因而，体育教学技巧的目标指向是明确的。

（二）体育教学技能以知识、技能为凭借

体育教师的技能水平与其所掌握的运动技术技能、教学经验密切相关。一位体育教师既要掌握教育学、心理学、学校体育学、体育教育学、体育教

学论等学科的理论知识，又要掌握体育教学的基本理论和方法，还要掌握运动技术和运动技能。例如，在篮球教学中，教学生"单手肩上投篮"，教师不仅要明确投篮在篮球运动中的地位和作用以及投篮的概念和特点，还必须掌握投篮技术动作，再通过各种教学技能帮助学生学会单手肩上投篮。因此，在进行体育教学技能培训前，必须加强相关理论知识的学习，不断提升自己的竞技技术水平。体育教育必须依靠知识和技能。

（三）体育教学技能是一种习得性行为

教育技巧并非生来就具有的，它是后天培养出来的。不管是跑步、健身、打球、游泳，都不是与生俱来的。教学技巧的获取，除了受到教师自身的教学经验和水平的制约之外，还与学员的学习和培训的时间和程度有关。教学技巧的形成和发展并非是自发的、随时间的推移而自然产生的，而是一种特殊的、长期的、系统的训练与加强。因而，体育教育的技能是通过学习而获得的，是一种习惯的活动。

（四）体育教学技能具有可操作性、可模仿性和可分解性

不同的教学技巧有着各自的内涵和具体的结构，但是它们都是可操作的，都包含着一定的规律和运行过程。因而，可以将各种教学技巧分解成特定的行为模式与步骤，进行训练与模拟。这种教学技巧的特性，使教师的教学技巧从无从入手、无章法，变成了有系统的培训。

四、体育教学技能提升的过程与原则

（一）体育教学技能提升的过程

提高体育教学技术的过程就是体育教学技术的培养，是以体育教学理论为指导，经过长期的实践，逐渐形成一套系统化的运动教学技术。此过程包括动机激发、目标设计、训练途径和方法。

体育教学技能训练的过程是指为完成体育教学技能训练的目标所进行的启动、发展、变化和结束，并在时间上连续展开的程序结构。体育教学技能训练的过程由动机激发、目标设计、训练形式途径和方法构成，明晰训练过程有助于练习者理解技能训练的基本原理，认定训练目标，履行训练计划，了解训练形式、途径和方法。

1. 体育教学技能训练动机的激发

体育教学技能训练动机是指推动个体参与体育教学技能训练的内部心理动因。体育教学技能训练动机具有始动、选择、强化和维持的作用，对体育教学技能训练的效果产生重要影响。

（1）体育教学技能训练动机的重要性

① 对训练行为具有始动作用。动机是行为的原始动力，对行为起着始动作用。动机理论认为，动机的始动作用是由诱因引起的。诱使体育教学技能训练的外部因素有很多，例如，新课改对教学实践的要求、教学竞赛展演的竞争、职称评定的压力等，均可促进体育教学技能的训练动机的初始动能。

② 影响训练行为的选择。在体育教学技能训练动机的作用下，训练行为指向与体育教学相关的内容编制、学习指导、保护帮助、运动负荷调控等技能的学习过程，影响着训练行为的选择，决定着个体从事体育教学技能训练的努力程度。

③ 强化训练意识，促进教学能力的可持续发展。体育教学技能是体育教师的核心素养之一，通过技能训练，体育教学技能的动机得到激发，能力得到提高，提高学生的自主学习能力，增强学生的自主学习意识，有利于促进可持续的体育教学能力的发展。

（2）体育教学技能训练激发动机的方法

教育心理学研究表明，激发动机需要从影响动机的两个因素即内部因素和外部诱因入手。因此，体育教学技能训练动机的激发，是根据体育教学技能的学习目标，通过设置特定的教学环境，满足体育教师教学技能需求的过程。具体来说，激励体育教学技术培训的动力主要有：一是设置合理的、具体的体育教学技术目标；二是加强对运动教学技术的主观认识，提高教师的教学素质；三是组织各类教学技能展示比赛，提高教学活动的乐趣；四是要及时回馈，积极地进行评价，以获取满足与成就感。

2. 体育教学技能训练的目标设计

在体育教学中，目标的设置是一个非常关键的环节。科学、合理地设定训练目标，是提高体育教师教学目的、教学技术水平的关键。

（1）建立运动技能培训目标系统的理论基础。长期以来，许多教育家都是根据布鲁姆教育目标分类理论来进行教学目的的设计。他从人的身体和心理发展的总体结构出发，提出了一个较为规范的、清晰的教育目标系统。他把教学目标划分为三大方面：认知层面，即知识的掌握与发展；情绪层面，包括兴趣、态度、习惯、价值和社会适应性；运动技能的层面，包括感知运动、协调运动、运动技能的开发。

① 体育教学技能训练认知目标。布鲁姆等人把认知领域的教育目标从低级到高级分为识记、领会、运用、分析、综合和评价六个层次。

② 体育教学技能训练操作目标。操作目标是体育教学技能的主要目标，辛普森等人在布鲁姆的基础上将操作技能分为感知、模仿、整合和创造四个层次。

总之，体育教学技能作为特殊技能，既受教学实践经验的影响，又受教学对象特点的制约，体育教师教学技能训练的总体目标可以归纳为：通过有针对性的、有计划的训练，使学生能熟练地掌握运动技术的知识和技巧，逐步建立正确的体育教学技能价值体系，形成具有教师个性特点的体育教学技能体系和教学风格。

（2）体育教学技能训练的目标设计。

① 教学内容编制技能训练的目标设计。教学内容编制是开展体育教学的开端和基础性环节，体育教学内容编制是否科学合理，直接影响体育教学的开展和效果。因此，形成体育教学内容编制技能至关重要。

② 活动组织技能训练的目标设计。体育教学是实践性很强、参与人员较多的教学活动，活动组织技能是以确保体育教学顺利、高效进行为目的，通过不断的教学实践才能逐渐形成。

3. 体育教学技能训练的形式和途径

体育教学技能训练不仅是技术行为能力提升的过程，更是心智技能和情感体验的历程，通过了解各项体育教学技能的基本要素，分析其运用时常见的错误与问题，从而选择行之有效的训练形式和途径，确保体育教学技能的提高，达到事半功倍的效果。体育教学技能训练的形式和途径很多，在教学实践中常见的以个人训练自我活动为主的形式有：微格教学、教学观摩、教案设计、模拟上课和说课；通过集体合作完成微课教学、体育教学技能大赛、示范课评比、集体备课、随班授课等。为方便在训练实践中应用，要清晰、准确地辨别不同形式和途径。

4. 体育教学技能训练的方法

（1）感知训练方法。人体与外界的联系是由感觉和直接体验构成的。人类在学习间接体验知识时，往往还需要利用人体的感官将其转换为可以被感知的东西或编码，从而有助于人们的理解与吸收。因此，知觉是认知的基石，它为获取直观经验、建构抽象观念提供了物质基础。当感知的体验变得更加丰富，感知变得更加敏锐，认知的获取也会变得更加广泛和深刻。因此，建立和培养体育教学技能，必须从对运动技能的知觉中进行。体育教学技术的主体性认知是培养学生体育能力的重要手段。方法主要有：

① 观摩法。为了更好地建立体育教学技能的主观感知，可以通过直接观摩和间接观摩两种形式，提高教学技能。直接观摩是指在自然状态下亲临现场，直接观看优秀教师的公开课、经验丰富的老教师的体育课以及体育教学技能大赛等；间接观摩是指观看体育教学的影像资料等。

② 聆听法。听觉是人们获取信息的重要路径，聆听法是指聆听体育教学专家对体育课的点评、教学研讨、说课等，通过"听"获得大量教学技能信息，为教学技能的形成和提高积累丰富的经验。

③ 体验法。如果观摩法和聆听法属于从外部建立体育教学技能的感知觉，那么体验法则是从内部建立体育教学技能的感知觉。体验法主要是对某种体育教学技能的实践性尝试，并获得主观体验，这种体验是建立体育教学

技能价值认同的前提。

（2）心智技能训练方法。现代教育理念对体育教学的要求越来越高，其中心智技能的地位越来越重要，不仅要熟练掌握体育教学的操作技能，还必须从事教学内容编制、负荷调控等以脑力劳动为主的工作，并具备一定分析问题和解决问题的能力。因此，心智技能训练主要包括分析能力和解决能力训练。

① 评课法。评课法能提高分析问题的能力，既可以通过课后自评的形式，对体育教学内容编制是否合理、活动组织是否有效、保护与帮助的方法是否正确、负荷调控是否科学等进行反思，也可以听取专家和同行的意见，或对公开课或网络视频课进行分析和评价，通过多种路径提高教师分析问题的能力。

② 设疑法。设疑法是指设置特定的教学情境和问题，让练习者拟订解决问题的方案。例如，对于体重较大和身体素质较差的学生如何设置运动负荷，不同水平的学生如何确保活动组织更加有效等。

③ 纠错法。纠错法是指找出体育教学过程中不合理的地方，并提出解决问题的方案。例如，队列队形的设计与调动是否过于烦琐，安排过大或过小，如何进行调整等。

（3）操作技能培训。在体育教学中，操作技能的培训是最关键的一部分。根据操作技能形成的过程和规律，操作技能训练的方法包括表象训练、模拟训练和整合训练三种方法。

① 表象训练。表象训练是指将与特定教学任务有关的体育教学知识或技能在头脑中重现的训练方法。通过表象训练，可以有效地构建与教学任务相关的认知结构，并建立起初步的教学活动调控机制。表象训练的基础是通过对体育教学活动的观察、体验及反思来完成的，是体育教学技能形成定向阶段最有效的训练方法。

② 模拟训练。在表象训练的基础上，本着从实战出发的训练原则，设置具体教学情境，分别对体育教学内容编制、活动组织、学习指导、保护帮

助及负荷调控进行针对性的模拟练习，增强练习者的实践能力。

③ 整合训练。整合训练是指将各项体育教学技能综合起来应用到教学实践中的训练方法。设计完整的体育课或教学单元，将不同的体育教学技能应用到实践教学中，形成前后连贯、相互协调、合乎教学法则、优质高效的教学技巧。

（二）体育教学技能训练的基本原则

体育教学技能训练的基本原则是广大体育教师在多年的实践中所积累的经验概括与总结，对体育教学技术的培养具有普遍性的指导作用。其原则是：理论学习原则、教学实践原则、单项技能训练原则、个人训练原则、团体训练原则、传统原则和现代方法原则。

1. 理论研究与教学实践相结合的原则

（1）理论研究与教学实践相结合原则的含义。理论研究与教学实践相结合的原则是指在体育教学技能训练理论的指导下，紧密结合体育教学实践，有效地进行体育教学技能训练。

体育教学过程是复杂的，课堂的教学行为也千变万化。在体育教学中，应以理论为指导，正确认识和把握体育教学技术的形成规律，形成正确的认知，在科学的理论指导前提下才能顺利开展。否则技能训练的效率将难以保证，甚至走弯路。理论研究要与教学实践相结合，在教学实践中，通过教学设计、课堂教学等具体教学环节发现教学中教学技能存在的问题。因此，二者结合才能针对性地改进与强化，从而提高训练效果。

（2）贯彻理论研究与实践相结合原则的基本要求。

① 不断提高思想认识。在实施体育教学技能训练的过程中，要不断强化理论学习，提高思想认识，启发体育技能训练的自觉性，坚定爱岗敬业的信念。要明确体育教师是体育学科专家，是一种专门的职业，必须经过严格、持续、不断的专业训练获得专业技能，具有不可替代性。教师专业化是当今教育发展的趋势，体育教师必须要有专业追求，教学技能是教师的职业技能，是体育教师必须掌握的教学基本功。

② 加强对理论的研究和学习。

没有理论的引导，就是瞎做。运动技能训练是以现代教育学的理论与思想为指导，对师范生和在职教师进行体育教学能力培养的一种实践活动。因此，在开展体育教学技术培训时，应先组织学习国内外有关体育教学技术的理论和现代教育理念。但是，教育是一个涉及大量理论的复杂过程，要想从整体上掌握这些学科的理论知识是很困难的。因此，要根据教学技术培训的现实需求，进行选择性的学习。

③ 重视技能训练的反复性。有人认为，教师只要有了专业知识就自然有了专业技能。其实不然，有了知识不等于有了运用知识的技能，教师学习了专业知识，把知识用于实际，还有一个实践的过程，师范生要成为一名优秀的教师，必须经历一个长期的教学实践和教育理论的学习与研究的过程。教师的教学技能就是在这一过程中，通过对教学规律的认识和把握而逐步形成的。体育教学技能属于习得能力，需要通过不断训练、反复实践，不断改进、总结和提高。众所周知，实践是求知的最终目的，一个人只有在实践中运用能力，才能知道自己的真实能力。通过反复训练，能够不断强化和巩固体育教学技能水平。体育教学技能训练的反复性，不是简单的重复，而是在反复的训练过程中逐步纠正错误，提高要求。

④ 重视评价工作。教学技术培训的质量依赖于各个环节的质量，而评价是其中的关键，教学技能培训是一种诊断式的评价，它的目的是改善和提升教师的教学技术，使教学技术培训能够按照一定的方向有条不紊地进行。在教学技能培训中，不能将评价视为导师个人的事情，而是要将评价作为每个学员都要做的工作。在评价中，不论是自我评价还是他人评价，都应该努力去激发练习者的积极性。一般来说，公正合理的肯定性评价，可以极大地提高受训者的积极性。而适当的否定性评价，也能够激起练习者不甘落后的斗志。因此，要妥善发挥评价的激励功能，针对不同的评价对象，照顾其性格特点，做到适时、客观、有效地促进体育教学技能水平的提升。

⑤ 理论与实践相辅相成，互为促进。体育教师的工作是个人的、高度

独立的工作。教师的教学能力是否得到提升，主要靠个人的努力，别人是不能替代的。教师的教学能力发展程度取决于教师在长期的教学实践中是否能够坚持自我提高和完善，这就是在教学实践中自我评价、总结经验，在"实践—认识—再实践—再认识"的过程中，不断地发展和提高教学技巧。

2. 单项技能训练与综合技能训练相结合的原则

（1）单项技能训练与综合技能训练相结合原则的含义。

单项技能训练与综合技能训练相结合原则是指注重提高单项体育教学技能的同时，还要将单项技能不断融入综合技能训练中，使各单项技能有机整合，实现整体优化。一般来讲，单项技能训练是针对一项或以一项为主的体育教学技能的训练。综合技能训练是指同时涉及多项体育教学技能的训练。在综合技能训练中，训练环境、程序、内容、目标和手段等相对于单项技能训练会更复杂，更接近体育教学的实际，难度更大，更具挑战性。单项技能训练与综合技能训练相结合，有利于提高体育教学技能水平。

（2）贯彻单项技能训练与综合技能训练相结合原则的基本要求。

① 明确教学技能的功能。明确教学技能的功能十分重要，在体育教学活动中，如果体育教师不掌握体育教学内容的编制技能，就无法达到预期的教学目标；不掌握体育教学的活动组织技能，就难以使学生在生动活泼的教学氛围中顺利进行学习；不掌握体育教学的保护与帮助技能，就难以最大限度地避免安全事故的发生；等等。因此，体育教学技能是体育教师应具备的一项基本技能。

② 熟悉教学技能训练程序。在我国，经过多年的实践探索，教学技能的基本训练程序已经形成。教学内容主要有：教学前的理论学习与研究、提供示范、确定培训技能和编写教案、技能训练实践、反馈评价、修订教案后的技能训练实践。了解运动技术的训练流程，对提高运动教学技术的水平具有重要意义。

③ 制订好切实可行的体育教学技能训练计划。要进行体育教学技能训练，必须先做好详尽的技能训练计划。根据人数、教学时数、训练者的教学

技能水平等，结合近期和远期的训练目标，将实施过程分为若干个段，并明确技能训练的各阶段的目的、任务、时间安排等。再根据各阶段所确定训练的教学技能，制定出明确的与其训练内容相一致的任务、实施方案、组织措施、设备筹划与各项准备工作等。

④ 重视单项教学技能训练的可操作性。对于教学技能的复杂性来说，每个单项技能的层次程度是不同的。如语言技能是最基本的，只存在一种基本的行为因素——说；提问技能、讲解技能则是语言与内容的结合，要考虑行为和内容两种因素；演示技能则含有语言、内容、媒体运用等多种因素。因此，在开展体育教学技能训练的初始阶段，应该以单项训练为主，由易到难，由简到繁，逐渐掌握。

⑤ 通过综合训练锤炼和提升教学能力。要使各个学科的教学技能熟练应用，就需要通过全面的综合训练来培养学生的综合素质。要为培训人员在现实环境中实践、测试和发展专业技术创造条件。单项技能训练和综合技能训练相结合有利于提高训练的实效，两者反复穿插，还可以增强训练的新鲜感，提高训练者的兴趣，更好地激励训练动机，使体育教学技能得到锤炼和提升。

3. 个人训练与团队训练相结合的原则

（1）个人训练与团队训练相结合原则的含义。个人训练与团队训练相结合的原则是指根据体育教学技能训练的实际需要，合理采用个人训练或团队训练的形式，整合个人训练的自主灵活及团队训练的责任、竞争意识强等特点，有效提高体育教学技能训练水平。

个人训练主要以个人自主学习、自主训练为主，强调自为、自律、独立训练等。团队训练是指以团队的形式进行体育教学技能训练，强调团队整体的训练及团队的整体进步。个人训练与团队训练相结合，有利于促进个人及团队整体体育教学技能水平的提高。

（2）贯彻个人训练与团队训练相结合原则的基本要求。

① 严格执行训练计划。个人训练有自主、灵活等特点，时间可以自由

掌握、训练时间可长可短，地点可以自由选择安排。但个人训练对个人的自律要求较高，需要有坚强的毅力，否则容易导致放任自流。为此，要严格执行教学技能训练计划，加强技能训练的反馈与评价，采取有效措施，如定期检查、技能评比等，保障体育教学技能训练顺利进行。

② 不断激发训练动机。在体育教学技能训练的过程中，不论是个人训练还是团队训练，不论是单项技能训练还是综合训练，能否尽快了解技能训练的真实情况，能否及时知晓所犯错误，能否不断地得到鼓励，对于激发训练者的动机与兴趣有直接影响。因此，通过不断激发技能训练动机，可以为技能训练提供源源不断的内在动力。

③ 积极反思个人训练效果。个人训练主要是通过独自读书思考，独自实践探索，总结经验，提高自身理论素养和教学技能，容易形成一定的封闭状态，导致"夜郎自大"或"自暴自弃"。为此，要对个人提出一定的学习要求和必要的学习指导，并适时进行自我评价，积极反思个人训练效果。此外，个人训练要积极和其他训练形式相结合，避免封闭状态的形成。

④ 营造和谐的团队训练氛围。和谐的训练氛围具有目标一致、责任明确、关系融洽、开放交流、齐心协力和技能互补等特点。既强调个人的工作成果，也强调团队成绩。和谐的团队训练氛围是体育教学技能训练不可缺少的因素。实践证明，团队是以任务为导向的组织，一个和谐的团队可以使每个成员都受到良好的影响，使成员相互学习，互相促进。例如，在技能训练中遇到疑难问题时，可以及时发挥团队优势，进行研究讨论、群策群力，克服困难。在团队训练过程中，必须要努力营造和谐的训练氛围。

⑤ 团队训练中倡导角色互换。在团队训练过程中，训练者不仅仅要做到换位思考，更应尝试"角色互换"，从身份、心理、状态，甚至性别等多方面研究并扮演其角色。在体育教学技能训练的过程中不断磨合、不断改进，使自己的教学技能更有针对性与包容性，不断适应时代发展与学生的需求，使体育教学技能在实践中游刃有余。

4. 传统手段与现代手段相结合的原则

（1）传统手段与现代手段相结合原则的含义。传统手段与现代手段相结合原则是指根据体育教学技能训练的实际需要，合理采用训练手段，既要积极利用体育教学技能的现代训练手段，也要恰当采用传统训练手段。传统手段与现代手段互相补充，有效提高体育教学技能水平。

传统体育教学技能训练手段主要是指师徒传授、教学观摩等，现代体育教学技能训练手段是指微格教学、多媒体技能培训系统等。传统手段与现代手段都有各自的优势和不足，传统手段与现代手段相结合，能够实现优势互补，会极大地增强体育教学技能训练实效。

（2）贯彻传统手段与现代手段相结合原则的基本要求。

① 提倡体育教学技能手段多样化。手段是实现目标的主要措施，在体育教学技术培训中，如果教师的教学技术培训方法过于单一，只采取一种方法，不够灵活，将会极大地挫伤练习者的训练积极性，严重影响训练效果。体育教学技能训练必须要避免训练手段单一化的倾向，提倡训练手段的多样化。

② 要适当考虑手段的优化选择。各种技能训练手段都有其优势及侧重的一面，同时也都有其局限性的一面。在体育教学技能训练中，针对不同的技能训练内容，应采用与之相适应的训练手段。例如，训练感知技能，宜侧重采用传统训练手段；训练心智技能，宜侧重采用教学技能多媒体培训系统；训练行为技能，则应采用微格教学训练手段；等等。

③ 加强体育教学技能多媒体培训系统的研究开发。教学技能多媒体培训系统是利用多媒体技术，为师范生和在职教师学习教学技能、训练心智技能而开发的文字、声音、图像结合的具有交互作用的计算机培训系统。在训练内容方面，系统可提供教学技能分类，提供技能的概念、技能的类型和执行程序等，为学生正确地理解教学技能创造条件，为评价和反馈提供依据。系统包括多项教学技能，每项教学技能还包括技能示范（正示范、负示范）和训练情境等。在应用教学技能多媒体培训系统的同时，还要注意加强

研究开发，使其不断完善。教学技能多媒体培训系统能弥补现有训练方法对心智技能训练的不足，经过多媒体培训系统培训后，再进行微格教学的训练，会使训练内容和训练方法更加完善，有利于更好地培养和提高教学技能。

④ 注重课堂训练的延伸。作为一名当代体育教师，仅仅学习掌握传统手段是不够的，还应该充分认识到现代教育技术在体育教学技能训练中的作用。现代手段不受以往时间和空间的限定，练习者可以借助移动终端如手机、电脑等设备，将体育教学技能课堂训练加以延伸，在课前、课中、课后均可随时随地自主学习，练习者可以通过网络资料库或者与教师、同学甚至其他专家通过网络沟通寻求答案与帮助，从而提高体育教学技能训练效果。

⑤ 选择和运用何种手段，必须从教学的实际需要出发。现代训练手段不是万能的，现代化的视、听以及其他一些多媒体手段的应用，在丰富了训练手段，给教学技能训练带来方便，加深练习者对训练内容印象的同时，也产生了"教师与学生交流日渐减少"等问题。传统的训练手段在情感交流方面的优势是现代训练手段难以代替的。总之，传统训练手段与现代训练手段相互补充，我们应该守住"传统"，用好"现代化"。

以上四个原则是相互联系、相互影响的，在运用过程中，既不能夸大某一原则，也不应低估其他原则，只有综合考虑并结合实际，灵活而有创造性地运用，才能发挥原则的指导作用。

第二节　体育教学设计技能的提升

教学设计是20世纪60年代末至70年代初由美国提出的。目前，教学设计已成为一门独立学科。我国对教学设计的研究始于20世纪80年代中期，其教学设计的原理和方法越来越受到人们的重视。目前，国内体育教学领域对教学设计原理、方法的应用研究也越来越关注。对于体育教师而言，依据教育教学原理，根据学生认知结构，对体育教学过程、教学内容、教学组织形式、教学方法和需要使用的教学手段进行系统课堂教学设计，是上好一堂体育课的必要前提。

一、教学设计与体育教学设计的含义

（一）教学设计的含义

在《教学设计原理》中，加涅曾把教学设计定义为"系统地计划教学系统"。

美国学者肯普将"教学设计"界定为："教学设计是对教学中各个环节进行系统的分析与研究，建立一个连续模型中的方法步骤，并对教学结果进行评估。"

在国内，有学者提出："教学设计是对教学问题进行系统分析、确定教学目标、制定教学策略、评估实施效果、修改教学计划。"

从某种意义上讲，教学设计就是在教学活动中进行决策的过程，教师要对"为什么教""教什么""怎么教""教的如何"作全面的规划。

（二）体育教学设计的含义

体育教学设计，是体育教师在从事课堂教学工作前，预设的体育教学活动方案。任何一位从事体育课堂教学的教师，都务必要做好三项最基本的工作——教案设计（备课）、组织好教学活动（上课）和场地器材设计。

二、体育教学设计的作用

体育教学的科学性、艺术性和精确性，能使教学活动得到最优化，并能展示出良好的教学效果。因此，体育教学设计具有以下三个作用。

（一）有效地提高体育教学效率和教学效果

教学设计首先是要对学习需要、学习内容和学习者进行分析，这就是所谓的教学设计的前端分析。通过对教学设计的前端分析，可以使教学目标更加清晰，这样就可以减少许多不必要的重复内容或活动。另外，在分析的基础上还可以科学地制定教学策略，合理地使用教学媒体，科学地拟订教学进度，准确地评价教学效果，提高教学效率。

（二）促进体育教师的教学从经验型向科学型转变

传统教学以课堂、书本和教师为中心，教师的很多决定都是由教师自己的经验和意向来决定的。有经验的老师也可以通过这种方式完成教学目标，这是一种教学艺术。但是能够将这种技艺应用到实践中的老师却是非常有限的，并且教学技巧也是非常困难的。教学设计突破了这一限制，把教学活动的构想置于系统化的科学基础之上，采用可重复的技术进行教学。只要有一定的理论知识和科学的教学方法，普通的老师就可以在实践中使用。从教学科学的规律出发，对问题的确定等问题的综合分析，对设计、实施、评价、修正等问题进行客观的分析，打破了单纯的经验主义的教学设计，实现了教学的科学化。所以，教学设计原则的学习与应用，是促进教学工作科学化的一种行之有效的方法。

（三）有利于体育教师科学思维习惯和能力的培养

教学设计是对教学问题进行系统化的解决所提出的一套确定、分析、解决教学问题的原则与方法，同样适用于其他领域或其他性质的问题。比如，在教学内容或学习任务分析的设计阶段，设计者需要将总体的教学目标划分为单元式和更明确的时间，从而形成一组教学目标，并据此制定相应的教学策略。这一点和现代管理学中的目标管理理念是一致的。因此，学习和运用教学设计的原则与方法，可以培养体育工作者的科学思考习惯，并提高他们对问题的科学分析和解决问题的能力。

三、体育教学设计的特点

（一）超前性

教师进行教学设计，本质上就是在教师的脑海中对实际教学活动的每个环节、每个步骤的预演。这个过程是很有预见性的，而且有一定的先进性。它可以让教师在实际的教学环境中，仔细地考虑和策划教学过程中的每个细节，以确保教学活动的顺利进行。这只是一个设想，一个关于实际教学活动的设想，尚未付诸实践，也不能把问题的答案付诸实践。

（二）系统性

教学体系设计是把教育和教学本身作为一个整体来研究，通过系统化的方法来设计、开发、运行和管理。因此，在教学体系设计的发展中，以系统的方式进行设计，是研究者和实践人员共同努力的结果。在宏观教育体系的设计和微观教育体系的设计中，都注重应用系统的方式。教学设计依靠系统化的方式，确保了课程设计的完整性、程序性和可操作性。

（三）创造性

体育教学设计的实施过程，其实就是教师在教学设计中，根据教学目的、学生的特点，创造性地设计教学实施方案。同时，教学设计在某种程度上与教师的教学经验、教学风格、教学智慧紧密结合，因此，每一位老师的教学计划都具有不同的个性和色彩，从而为教师的个人创作创造了更大的空间。

四、体育教学设计技能的提升程序

（一）对学生体育学习需要的分析

学习需要在教学设计中是一个特定的概念，是指学习者在学习方面目前的状况与所期望达到的状况之间的差异。学习需求分析是一种以揭示学习需求为目标的系统性调查研究过程，从而发现学生在学习中实际存在的问题，并据此提出体育教学设计的方向，确定体育教学目的。

体育教学设计的出发点是对学生的需求和问题的分析，是影响体育课程设计活动成功与否的重要条件。对学生的学习需求进行剖析，主要是要解决教师"为何教"、学生"为何学"这一问题。教师要想找到问题，找出问题的根源，就必须找到正确的方法，并决定采取什么样的教学内容和教学目标。

在实施体育教学时，要充分认识到学生的实际需求和兴趣，客观、冷静地分析学生的实际反应和教学效果，从而制定出符合实际教学目的和学生需求的教学战略。所以，要从"为什么学"这一角度出发，明确学生的学习需求和教学目标，也就是要决定"学什么"。

（二）对体育教材内容的分析

体育教学内容是指在体育教学活动中，为达到体育教学目的而进行的各项运动和卫生保健知识、技术技能和方法的统称。对体育教材内容的分析目的在于全面了解教材内容的特点与功能，充分挖掘体育教材的价值，确定教师应该"教什么"和学生"学什么"的问题，使其更好地为实现体育教学的多种功能服务。

教师的教学内容分析，不仅要分析教材设定的动作要点、重点难点，还要结合学校的具体情况，结合学生的亲身经历，对学习内容进行分析，并依据对体育技能自身的价值判断，设计出具有生活和生命价值意义的学习题目。

在学习过程中，要充分利用学生的生活经验、学习经验和知识积累，合理选择和组织教学内容，合理设置学习起点，确定学习内容的广度和深度，从学生的体育知识、健身、健美、娱乐、终身体育的需求入手，实现继承性和发展性、简易性、知识性和实效性、健身性的有机统一，同时兼顾教学内容的综合性和学习目的、学生的身心发展特点、教学内容的纵横联系、教学时数和教学条件等多方面的因素，精心设计学习的各个环节。

（三）对学习者的分析

体育教学设计的一切活动都是围绕学习者的"学"而展开的。对学习者进行分析的目的在于了解体育学习者当前所具备的知识技能情况，为确定体育教学目标、选择教材内容、选择策略、创造教学环境等方面提供了理论基础，从而更好地促进学习者体育知识、运动技能和能力的发展。

了解学生的基本状况是进行教学设计的先决条件。做学情分析，就要思考"谁学"这个问题。本研究的目标是要研究学生在进行新的学习过程中，将原来的知识层次或原有的心理发展程度与新的学习相适应，以及在教学内容的选择与组织、教学目标的编写、教学活动的设计、教学方法的选用与使用等方面的问题。正确认识和掌握学生的实际发展状况，正确理解其起点，是体育教学设计的一个重要环节。

在学情分析中，首先，要了解、分析学生对新学习的掌握程度，分析学生在学习过程中的认知加工和运动实践能力，分析学生学习过程中出现的问题和问题的成因，判断学生对新学习的重视程度和接受程度，为老师"如何教"、学生"如何学"寻找共同的实践基础。其次，要对学生的差异性进行分析，找出问题的解决办法，从而为实施个体化的教学提供策略。只有按照"学情"的要求设计教学策略、教学思路、教学方法和方式，才能使学生的学习方式发生根本性的转变，从而形成具有生命力的教学模式。

（四）体育教学目标的设计

在体育教学中，体育教学目标的设计是一个非常关键的部分。明确的教学目的是制定体育教学战略，指导体育教学媒介的选用，并为体育教学评价提供参考。

教学目的是教学的灵魂，具有指导、评价、激励等多种功能，是学生自我激励、自我评价和自我调节的一种重要途径。明确的教学目标，不仅可以为教师的教学策略、教学媒介的选用提供参考，而且可以为教师的教学评价提供一定的参考。在对课程标准的深入理解的前提下，对《体育》新教材的内涵进行阐释，理顺其认知层次、能力培养要求、情感教育要求等，对课程的认知内容的形成过程进行全面梳理，在充分了解学生现有的知识状况、学习知识的掌握情况、学生认知结构特点的基础上，运用简洁的语言归纳出这节课的知识要点。同时，针对体育教学中各个知识点的认知水平，根据学生的认知规律，分析各个知识点在认知过程中所运用的认知方法、思维方法、教学手段，从而明确教学中的能力目标，并根据体育教学中运用的认知方法和教学方法，制定出学生要掌握的知识、方法和培养层次，并通过挖掘教材中的情感教育的内容，制定出培养学生非智力因素的情感目标及形成层次。因此，本课程的目标明确、可行、具体，并依据课程的难度和学生的接受程度，对目标进行分类，逐步提高，以达到"教有所依、学有所依"的目的。

（五）体育教学策略的设计

体育教育策略主要研究以下问题：课的类型与结构、教学的顺序与节奏、教与学的活动、教与学的方法、教学的形式、教学的时空安排、教学活动实现对策，等等。体育教育的策略主要针对"如何教""如何学"这两个方面进行研究。

在新的课程观念指导下，体育教育的策略应该从以下三个层面进行：一是学习在方法上，由接受型教学转向以自主体验、互助交往、创新为主的研究性学习；二是在教学表现上，应从以标准动作说明为主要形式的定论展示到以学生体验、感悟为主的间接展示；三是在学生与学生的互动模式上，要从教师和学生之间的单向传递，转向教师和学生之间的交流、沟通、学习和共同发展。

（六）体育教学媒体的设计

体育教学媒介是指在体育教学过程中，依据教学目的和教学对象的特性，合理地选用和使用现代教育媒介、体育教学软件，并将其与传统的体育教学方法相结合，实现体育教学。

教育媒体内涵广泛，种类繁多，各类教育媒体各有千秋，其适用范围、特点和要求也不尽相同，没有一种能够适应所有教学内容的媒体。因此，在教学媒介上，应坚持"经济有效"的思想，从教学内容的需要、学生的特点、教学目标的要求、教学策略的安排等方面，充分体现教学媒介的目标性、功能性、针对性、适度性、指向性等特点，充分发挥教学媒介的功能。

（七）体育教学过程的设计

在教学活动中，教师、学生、内容、目标、活动、步骤、方法等因素的动态设计是体育教学活动的一种设计形态。在教学过程中，教师、学生、教学内容、教学策略等各环节的关系可以用流程图来简单地反映。

（八）体育教学设计的评价

经过以上各个环节设计出的体育教学方案，能否为体育教学带来理想的效果还有待于实践的检验。必须对体育学习需要、学习内容、学习对象的分析、体育教学目的的确定、体育教学策略的制定、体育教学媒介的选用和设计、体育活动的合理设计等方面做综合评价。评价可以采用形成性评价，也可以采用终结性评价。当发现所设计的方案不能达到预期目标时，应及时加以修改，直到达到目的为止。

在体育教学设计中，教学思想是其核心，而教学设计又是其生命。只有通过有效的教学设计，才能确保教学的最佳化。在新课程理念的指导下，体育教育不仅是一种知识的传授，更是一种师生生命的融合；学生们不仅收获了知识、技能，更收获了胜利的喜悦和精神上的震撼。因此，体育教学应遵循"以学生发展为中心"的教学理念，着眼于学生的当前与将来，建立科学合理的教学目标、内容、程序、媒介和策略，以培养学生创造性学习、创造性解决问题、适应未来的能力。

第三节 导入技能的提升

一、导入技能的含义

导入是课堂教学的开始，也是学生从无学习状态向本课程学习过渡的阶段。所谓的"导入"，就是一个"导"，一个"入"，即"引路"，是指老师以教学内容为导向，通过巧妙的方法激发学生的求知欲，使其进入学习状态。入，即进入了学习的大门，也就是让学生从课间游戏的状态进入到课堂的学习，让学生通过对导语的理解，在课堂上形成内在的动机，使他们明白自己的目标，并主动受到老师的启发和引导，使师生之间的沟通变得更加融洽。

导入技巧，也叫引入法，它是一种教学行为，是在课堂开始时，通过巧妙的手段，创造出一个学习环境，使其集中精力、产生好奇心、明白其目标，迅速进入学习状态。

二、导入技能的作用

（一）集中注意力

当学生从教室来到运动场，他们并非处于体育学习的最佳状态，如大脑兴奋程度还较低、情绪也不够高涨、注意力也不够集中等。此时，老师可以根据学生的注意力特征，运用吸引和维持注意的规则，巧妙地将新课引入，从而使学生在课堂上兴奋，并将其从教学活动中抽离出来，将注意力吸引到对教学内容的关注上，并形成初步的动作概念，为深入学习做必要的准备，从而使他们全身心地投入体育学习中。

（二）明确目标

教学是师生共同参与的活动，要求师生间都要明确教学目标。而有效的导引可以使学生进入想要学习的知识领域，从而对学生的学习起到导向的效果。一般情况下，教师在课的开始会用简明的语言向学生交代本课将要学习的内容，并提出目标要求。这样可以使学生明确将要学习的内容及要达到的目的，有助于激发和加强学生的学习动力，使他们更好地了解自己的学习成果并做出基本判断和评价。

（三）激发兴趣

兴趣是最好的老师，孔子曾说过："知之者，不如好之者，好之者，不如乐之者。"当学生对学习内容产生了兴趣，课就成功了一半。教师的精彩导入可以起到激发学习兴趣的作用，使学生对将要学习的内容产生求知欲望。

（四）承上启下

体育学科的知识总体上是相互关联的，而运动技能的学习则是以先前的技术为基础，通过反复练习和固定动作来实现。运动技能的形成要经过三个阶段：泛化、分化、自动化，而引入部分则是对上一节课所学内容的总结和引导。它能使学生在复习知识的同时，对课程内容有更好的理解，从而达到承上启下、连接教学内容的目的。

三、导入技能提升的原则

导入的类型很多，在设计和实施中，均应遵循下列原则，才能导之有方。

（一）目的性

教师必须清楚地了解技能导入的目的，不论采用哪一种方法，都要把设定的内容导向教学目标，服从于教学任务，以教学与训练为中心。引入教学活动，让学生对将要学习的内容、要解决的问题，以及如何学习有一个初步认识。教师必须课前精心设计导入的方法，使用简练的语言或其他形式，准确表达教师通过导入想要达到的目标。目标可以侧重某个方面，比如集中注意还是激发兴趣等。明确的目的性有助于教师正确运用导入技能并收到预期效果。

与教学目的无关的，不可强加于其上，也不可一味地追求新奇，而忽视其内容。在教学过程中，不能让导入的内容脱离教学范围，而要让它成为学生达到教学目的的一个必不可少的、有机的环节。

（二）相关性

导入的相关性主要有两个方面：一是在教学内容的设计上要符合学生的年龄、思维特征，尽可能地选取与学生生活密切相关的情境，以吸引学生的注意力和兴趣；二是在导入过程中要善于以旧为新、温故知新，充分展示新旧知识技能之间的关系，从而达到新课程的教学目标。如果没有正确的引导方式，那么无论引入多么新颖、多么精彩，都无法达到良好的教学效果。

（三）趣味性

积极的思考是课堂教学成败的关键，充满启发性和趣味性的导入能引导学生发现问题，强烈地想要解决问题，营造良好的学习环境，促进学生主动探索，从而达到抛砖引玉的效果。在教学过程中，教师要根据教学目标、内容和学生的具体情况，选取学生身边的、能引起学生兴趣的素材。老师在教学中引入的语言应具有趣味性和幽默感，要不断创新。

（四）简洁性

课的导入一般只占用一两分钟时间，因此，教师的导入语言和方法一定要简明扼要、言简意赅、重点突出，要给学生意犹未尽的感觉。导入决不能长篇大论、拖泥带水，那样会使学生产生反感。

另外，引入的方法有很多种，引导语的设计要注重相互的协调和交叉。在课堂上，不能只有一种形式的引导，这样就不能激发学生的兴趣，也不能吸引学生的注意力。

四、导入技能的类型

一堂体育课的教学没有固定的模式，也没有固定的教学方式，不同的课程，会因教学目标、教学内容而异。同样的教学内容，不同老师的导入方式也不尽相同。不论采用哪一种导入方式，其核心都是老师对教材的理解、对学生特点的熟悉和掌握，体育老师则要从学生的年龄、精神面貌、心理特点等方面考虑，认真地选择正确的导入方式，以达到最佳的教学效果。一般来说，在体育教学过程中，导入技能主要有直接导入、情境导入、直观导入、技能迁移导入、设疑导入、游戏导入、目标激励导入等。

（一）直接导入

直接导入是指老师在课堂上阐明学习的目的和要求，并用简单的语言叙述、设问等方法来吸引学生的注意力。我们经常把这个引入称为"直截了当"，它可以让学生快速找到方向，并对课程的内容有一个大致了解。教师一上课就直奔主题，用最直接的语言开宗明义，向学生宣布本课内容和目标要求后就开始本课的学习活动。这种方法比较简单易行，运用较多。在学生注意力集中、已做好充分学习准备的情况下都可以使用。但这种方法有其局限性，过于笼统、概括，缺乏趣味性、鼓动性，集中注意和激发兴趣的作用不强，也太刻板，没有更强的感染力，所以很难引起学生的兴趣。因此，开门见山较适用于课题新颖、游戏性和锻炼性较强的课型，适用于年龄较大的学生自觉学习条理性强的教学内容。

（二）情境导入

情境导入是指运用语言、设备、环境活动、音乐、绘画等多种形式，创造出一种与教学要求相适应的情境，从而激发学生的兴趣，让学生在学习中处于主动的学习状态的导入方法。它的目标是激发学生的学习兴趣。这种方式主要适用于小学低、中年级学生，利用低年级学生热衷于模仿、想象力丰富、形象思维占主导的年龄特点进行生动活泼和富有教育意义的教学的方法。这种方法主要遵循儿童认识和情感变化的规律，多是在课堂伊始设定一个"情境"，甚至有一个"情境"来贯穿整个单元和课的教学过程，让学生参与以情节串联起来的各种活动。例如，在课堂之前，制作一些简单、形象的小工具，让同学在感受到新事物的同时，能够迅速地投入到自己的角色中。有一位老师在课堂上带了个"猴头"，大家都好奇这是怎么回事，于是他就模仿猴子的样子说："我是孙悟空，要到花果山去！"然后，老师给了他们一个小猴子的帽子，教他们跳过障碍。

（三）直观导入

直观导入法是指利用和借助实物、图片、模型、标本、动作、语言和电化教学设备等进行具体形象的教学导入的方法。其优点在于它符合学生形象思维的学习特点，能使学生充分感知外界的各种刺激，更有利于学生建立清晰、明确的动作概念，加深理解和记忆，提高学习效果。

在体育教学中，尤其是武术、体操教学，动作示范是最常用的一种直观导入方式。演示就是老师用具体的动作做例子，让学生清楚地认识到要学习的动作和技巧。准确、熟练、轻巧、优美的动作，能在给学生美的享受的同时，使学生在知觉意识中产生钦佩的连锁反应，引起学生的有意注意，给学生留下较深的"影像"，激发学生跃跃欲试的情绪，促进学生自觉地参加教学活动。

动作示范也可以由学生完成，学生中蕴藏着一些具有特长的"高手"，教师了解这些情况后，可以让在某些方面有特长的学生出来做示范动作，以导入本课内容。让学生示范可以起到增强特长生自信和激发学生练习兴趣的作用。当然，学生示范的前提条件是学生中有特长学生的存在。教师不能为了示范而随意找个学生示范，因为不具有示范作用的动作展示，会引来其他学生的不认同，反而有可能伤害学生的自尊与自信。

（四）技能迁移导入

技能迁移是一种技术的学习和运用对其他技术的影响的一种过程或现象，或将一项技术用于完成一项新的技能的学习或应用。这在体育技能教学过程中是一种普遍存在的现象。因此也有很多教师在导入部分采用技能迁移导入的方式进行导入。

所谓的技能迁移，也可以说是"老知识导入"或者"原始知识导入"，指的是通过对新技术的理解，找到新的技术和旧的技术的关联之处，并在原有的技术基础上进行深入和发展，从而形成新的教学内容，达到"温故知新"的目的。一般是通过复习、练习等活动，将两个新的动作结构进行对比，发现其技术环节的差异，然后从不同角度进行新的动作。通过这种方式的引入，可以让学生对新的知识产生熟悉的感觉，从而可以把新的知识融入原来的知识体系中，从而减少新的知识的学习难度，从而更容易地把新的知识融入新的知识体系中。

教育学者霍姆林斯基曾说过："让学生从现有的知识中获得新的知识，才是最好的教学方法。"同时，运用这种方法进行教学内容的导入，也会有很好的效果。但是，在使用转移技巧的过程中，也要注意如下问题：

（1）向学生提出或清楚地说明新技术和旧技术的联系点，以便指导他们进行新的知识和技能的学习。

（2）为掌握新技术提供一个"支点"，通过有目标的练习，使其与新的技术有密切的关系，从温习到讲授新的课程，过渡得流畅自然。

（3）运动技能的迁移是把"双刃剑"，既有对运动技能的学习和掌握有促进作用的正迁移，同时又有干扰作用的负迁移。因此，在运用技能迁移导入时，教师要特别注意科学把握技能迁移规律，增加正迁移的发生，减小或避免负迁移的干扰和影响，以追求技能迁移总体效应的最优化。

本节将"脚内侧踢球"引入"脚掌内侧踢球"作为例子，我们都知道，这两种踢球方式的技术环节是一样的，包括助跑、支撑、摆腿、击球、随前五个技术环节，唯一的区别就是脚的触点是不同的，一个是脚弓，一个是脚背。所以在练习中，我们可以这么做：先做一些"脚内蹬"的动作，让同学们能清楚地看到和理解这种踢法；接着进行"脚掌内侧踢"的演示，让学生对比两种踢法，找出其中的差别。在老师的问题被正确回答后，老师就会指出问题并把新的内容导入。该方法既能引入新的知识、复习内容，又能方便地进行体育技术的系统教学。同时，在教学过程中，学生的观察与思考都是积极的，有利于学生的智能素养的发展。

（五）设疑导入

古人有言："学起于思，思源于疑。""疑"是学之始，有了疑问，才能发问、思考、探究，才能有所收获。"设疑导入"是指教师在教学过程中，通过不断巧妙地设置具有启发意义的问题，创造出学生的认知矛盾，激发他们的求知欲、好奇心和解题欲望。它能使学生的注意力集中，激发他们的思维，使他们更多地关注新的知识，从而达到更好的学习效果。例如，在学习短跑的时候，要设置"为什么所有的短跑项目都是蹲着跑，而不是站着跑""什么是世界纪录"等问题。在教学中引入问题可以促进学生的主动思考，提升学生的思维能力和学习兴趣。

产生问题的主要目标有两个：第一个是引起兴趣，第二个是引发思考。"每个人都有好奇心"，疑问、矛盾心理有助于激发学生的思维，激发他们的思考能力。这样的导入方式可以将学生的思想活动与老师的授课相结合，形成师生共鸣，让学生从"要我学"向"我要学"转变。

使用这种方法进行导入时要注意下列要点：

（1）教师应针对学生的年龄、身体、心理等特点，结合教学目的和内容，在教学中提出问题。如在结束"跨越式"跳高后，学习"背越式"跳高前，可设问"跨越式和背越式哪种方法跳得更高""如何掌握背越式跳高技术"，使学生产生探究心理，期待学习。

（2）以疑激思，善问善导，问题设置要难易适中。过易，不能继续深入；过难，则无从下手。

（六）游戏导入

体育和游戏有着密切的联系，游戏法就是教师通过小游戏导入新课的方法。可以说，体育从本质上来讲就是一种游戏，带有娱乐、玩耍的性质。加之游戏种类繁多，形式和方法灵活多样，深受青少年的喜爱。因此，在各级各类学校体育教学中游戏被广泛采用，通过对教学内容的选择，激发学生的学习兴趣，并将其引入特定的教学内容。利用游戏导入新课，不仅能活跃课堂气氛，把学生的注意力和情绪转移到课程中，针对教学内容而设计的游戏还能帮助学生加强对将要学习的技术动作、技术战术的理解，为下面的体育教学铺平道路。由于游戏的形式和名称不尽相同，因此对利用游戏导入新课提几点建议：

（1）选择游戏要紧扣教材。

（2）选择游戏要新颖、有趣味，能引起学生的兴趣，激发学习动机。

（3）选择游戏要有启发性，能促进注意力集中，提高思维活动能力，开发智力。

（4）选择游戏要根据学生的年龄、性别和心理、生理特点。

（七）目标激励导入

并非每个学生都对体育课有浓厚的兴趣，如何让他们克服自己的缺点，积极参加体育活动，这是我们学校体育老师经常碰到的问题。有效的动机可以培养学生在运动学习中的目的性。例如，当老师宣布"长跑"的时候，老师就会发出"嘘"的声音，然后老师就会说："我就知道，你不能忍受这样的痛苦。"此时老师就会顺势而为，讲述体育名人如何努力、如何在运动中创造出辉煌的事迹，鼓励学生向英雄学习，讲解所需的练习方法，让学生在心里树立吃苦耐劳的信念，为长距离的练习奠定坚实的思想基础，从而达到理想的锻炼效果。

除了上述的一些常用方法，还有一些引入法、实验导入法等，在此就不一一列举了。总结一下，引入的方式多种多样。正所谓一个好的开始就是一个成功的开始，我们要在课堂上多下功夫，运用好的教学方法在课堂上会有出其不意的效果。

五、导入技能提升的要点

在教学过程中，老师要正确运用导入技巧，充分考虑学生的特点，要明确导入课程目标，把握导入时间，使学生尽快投入新的学习中。

（一）导入要因人而异

由于个体差异，学生的身体素质、运动水平、体育学习兴趣等大不相同，因此要因材施教，分层递进。首先，要与班主任紧密合作，了解学生的个性、体质、品德、心理特点；其次，不同的班级，不同的学生，不同的准备时间。只有充分认识到学生的体质和其他特殊的条件，因材施教，使他们更积极地参与到运动中来，才能有效地促进课堂教学。例如，进行身体素质训练时采取同质分组，对体质好的学生提高要求或标准；对体质差的学生提出具体的要求或标准，评价时，坚持正面鼓励，培养他们的自信心，让他们喜欢上体育课。对平时表现不好的学生采取帮教式分组，将他们分散隔开，和品质等各方面表现好的同学分成一组，等这些同学表现好时，安排他们在大家面前"露一手"；让品质等各方面表现好的同学利用课余时间找他们谈心，实现互帮互助，共同进步，从而养成良好的学习习惯，正面引导他们认识、熟悉的人或事，促使其转变态度，爱上体育课。

（二）导入课程目标要明确

做得好可以使人感到无限快乐，并且对它有很大的兴趣。在课堂上，教师要创造一个良好的学习环境，创造一个成功的机会。例如，根据学生的实际状况，给他们一些具体的任务和要求，帮助他们找到问题、解决问题、克服困难，通过自己的努力，让他们体会到成功的喜悦，从而提高他们的学习兴趣和自信。在导入时，应该充分考虑下列要点：

1. 集中注意

对新课的巧妙引入，能起到先声夺人、先声服人的作用，牢牢地吸引学生的注意力，让他们一上课就能将兴奋的焦点转移到课堂上，并将教学内容保持在原来的位置。在这种环境下开讲，才能"箭无虚发"、字字入耳、点到为止，讲课的人很放松，学生们也很喜欢。

2. 激发兴趣

好的引导会让学生如沐春风，如饮甘露，令人心旷神怡。教育家第斯多惠曾说："教育的成功之道，在于让学生对所教之物感兴趣。"爱因斯坦曾说："兴趣是热爱的先导，而热爱是最好的老师。"

3. 启迪思维

创造性的引入能点燃学生的思想火花，拓宽他们的眼界，增加他们的智力，让他们善于思考，并培养他们的定向思维。由于老师有针对性地引入新课程，可以快速引导学生的思维，聚焦于知识的本质，为下一步的学习打下坚实的基础。

4. 铺垫拓展

良好的导入可以为整个课程的顺利进行打下良好的基础，从而进一步展开、拓展教学内容，把课堂的学习进程推向一个新的高度，从而产生良好的、积极的"连锁反应"。因此，作为一名教师，在课堂教学中必须加强导入行为的培养，掌握导入的技巧。而在培训中，要加强对"导入"的理解。

（三）把握导入时间

导入的时机要合适。导入只是"引子"，并非教学内容的扩展，所以，导入的时间不宜太长，通常为2~5分钟。如果导入的时间太长，势必会影响学生的学习。

在导入时，应尽量使用简洁的语言，避免冗长的拖拉。所以在导入时要注意材料的合理、时机的把握、语言的简练，力求恰到好处，适可而止。

第四节　讲解技能的提升

一、什么是讲解技能

讲解技巧是一种教学方法，它是一种从学生的认知、情感、运动等方面进行有效的描述、解释、分析和概括的方法。在体育教学中，教师可以用各种方法和手段来引导学生的学习，如直观演示法、语言法、练习法等。

语言法是一种以各种语言、各种形式引导学生进行学习的方法，以使其达到基本的教学要求。语言讲解技能是讲解技能的基础，而讲解技能是针对教学的实际，有目的地运用语言，为实现教学目标而采用特定的、较高层次的语言手段。

在体育教学中，讲解是最主要的教学手段。通过对体育教学的介绍，可以使学生对体育课的目标、任务、概念、名称、作用、要领、方法、顺序和要求等有一定的认识。体育教学中的很多体育知识、动作技术、技能，只有通过老师的讲解，学生才能较好地了解和巩固。讲解技巧不但可以用于新知识、新技术的学习，还可以用于对原有的知识和技术进行复习和巩固，是目前最常用的教学手段。如示范、展示图片等也往往需要和讲解相配合。讲解不仅可以使学生把动作的技术要领与其所观察的结果联系起来，从感性认识逐步提高到理性认识，还可以启发学生积极思考，对学生进行思想品德教育。因此，讲解可以说是体育教师的重要的、必备的教学技能之一。

二、讲解技能的特征

在漫长的教育发展历史中，讲解始终保持长盛不衰的地位，除历史和传统的原因外，还有它不能为别的教学手段所代替的特点。

第一，经济实效性。在体育教学中，讲解省时、省力且使用方便，与实物教学相比，其"省"显而易见。

第二，高效性。在体育教学中，教师经过周密的组织和计划，能够有效地提高信息传递的密度，同时也能降低学生对知识的盲目接受程度。

第三，单向性。在体育教学中，教师把知识传递给学生，使其被动地接受信息。不能较多地参与教学进程，不利于实现师生及时的交流和信息的及时反馈，学生常处于被动地位。

三、讲解技能提升的原则

（一）精讲原则

讲授要坚持"精讲"的原则。所谓"精讲"，就是要选择好的内容、精炼的语言、精妙的教学方式、出色的教学效果。要想讲好，就要做到言简意赅、提纲挈领、避免烦琐；要做到这一点，必须要做到举一反三，闻一知十。讲得好，就能提高教学效果。所谓"精讲"，就是要讲得好、说得好、讲得明白、讲得科学，要在单位时间内做到量少、质高。

（二）启发性原则

孔子说："不愤不启，不悱不发。"在新的课程背景下，老师的讲授一定要更加富有启发性。在教学中，教师的引导作用并不在于代替学生去寻求解答，而在于引导他们自己去探索、比较、归纳、综合和解决问题。在讲授时，要坚持以课程标准为导向，立足于教学实践。按照知识之间的逻辑顺序和学生的认识顺序，系统地设计出有内在联系、有条理、层次分明、环环相扣、层层深入的问题体系，让学生的思维在老师的引导下徐徐展开、不断深入。

（三）直观性原则

直观性原则要求教师在教学过程中为学生提供有关的事实、实物和形象，为学生学习新知识、形成新概念奠定感性认识的基础。直观教学能把抽象的事物具体化，容易吸引学生的注意，激发学习兴趣，促进对知识的理解和记忆。

（四）针对性原则

由于遗传、环境和教育等诸多因素的影响，每个学生的个性互不相同，知识能力、情感、意志和性格等都有不同的特点。教师要通过调查研究，既掌握全班学生的共同特点，如学生的知识水平、接受能力和学习风气等，又要知道每个学生的具体特点，如兴趣爱好、特长和优缺点等。这样，教师才能针对不同学生的情况，从实际出发，因材施教，在统一授课的基础上，采取不同的讲解方式，传授体育健康知识和运动技能，教育不同的学生，使每个学生都得到进步。

（五）系统性原则

系统化的知识便于理解，记忆和应用。在讲解到一定阶段时，教师要致力于知识系统化，把零散的知识通过归纳总结使其连贯起来，串珠成链，结绳成网，形成系统化的完整知识，这可以在一节课结束时、一个单元结束时进行。必须注意，在知识系统化的时候，既要照顾教学内容的全面性，更要主次分明、突出重点。

（六）适时反馈和调控原则

在教学过程中，老师要注重学生的反应，并与学生的思维、理解过程同步，具有针对性、互动的特点。掌握体育课堂教学中的信息反馈，并对其进行适当的调控、调节，使其达到较好的教学效果。

（七）艺术性原则

教学是一门艺术，而且不是一般的艺术，它是艺术中的艺术。教师讲解的艺术性可以从语音、语句和无声语言等方面来考虑。教师的讲解如果能做到声音悦耳动听、语调抑扬顿挫、语句幽默风趣、表情丰富生动、举止优雅大方、讲解循循善诱，使听课的学生如沐春风、如饮甘霖，不仅学到了知识、提高了能力，而且增加了修养、陶冶了情操。

四、讲解技能的功能

语言是一种独特的信号刺激，教师可以用生动的语言和多种形式的解释，把学生所知道的和不知道的知识结合在一起，使教学过程具有逻辑性、系统性和启发性。阐述是一种最主要的、最常见的体育教学方式，它是教师在课堂上发挥领导作用的一种重要手段。在体育教学中讲解应完成的任务是：传授体育的知识、技术、技能，使学生明确学习的目的、任务、意义；使学生明确动作名称、作用、要领、练习顺序、方法、要求，建立正确的动作技术概念；充分利用学生的第二信号系统，尽快沟通学生听觉中枢和运动中枢的神经联系；激发学生学习兴趣和学习动力，形成明确、积极的学习心态；启发学生的思维活动，形成积极的课堂学习氛围，培养学生发现问题和解决问题的能力；对学生进行思想道德和意志品质等方面的教育。

在教学中恰当地运用讲解技能可以实现以下功能：

（一）促进知识迁移，构建知识体系

认知心理学的同化论是讲解技能的理论基础，同化论是美国认知学派教育心理学家奥苏伯尔提倡的有意义接受学习的理论。同化论表明，新知识的获取要依靠在原来的认识结构中的合适的观念，并且需要新的和旧的知识的交互作用，即新旧意义的同化和新旧认知的同化，从而形成更高分化的认知结构。例如，学生在已掌握健美操的基本创编原则后，教师要求每位学生自编一组健美操的动作组合。这时，在教师的讲解、辅导下，学生利用已掌握的创编知识、方法和健美操的基本动作，利用结构重组的同化迁移，编出一组新的、自创的动作组合。

启发式讲解是实现有意义学习的讲解。利用迁移的规律，帮助学生利用原有的知识、技能去理解新知识是讲解发挥其启发性的基本途径。因此，接受学习是学生学习的根本特性，是学生以教师的讲解、传授为条件，用积

极的方式接受和利用前人的经验。所以，学生形成心智技能和动作技能的过程，就是借助教师有声有色的语言讲解，通过感官在大脑中留下一系列表象，再通过感知、认识到联想的认知过程。教师的讲解就是要使学生能够在新问题或新情景中应用已掌握的概念、知识和经验，利用迁移的规律与新授内容建立起来的新的联系，帮助学生领会、理解、掌握体育新知识、新动作技术和新方法。

（二）启发学生思维，发展认知能力

学习不只是要让学生掌握一门学科或几门学科的具体知识与技能，而是要让学生学会如何学习，这一点比掌握具体的学习内容更重要。在体育教学中，首先让学生在直观演示的过程中掌握感性知识，然后利用讲解和概括性的思维活动将感性知识加工、提炼成理性认识，上升为动作要点。这里包括学习迁移中的分析、综合、抽象、概括的认知活动，以及对知识的记忆和储存。但学习的根本目的不是把经验储存于大脑中，而是最终要将所获得的经验应用于各种实际情境中，去解决现实世界中的各种问题，实现知识的价值，也就是运用知识。"学生认知"是指老师对学生进行有针对性的解释，是老师向学生清晰地展示所学知识，引起他们的注意、思考、概括，使之最终获得的过程。

精心准备的讲解，既是教师的义务，又是教师的责任。如果教师事前缺乏准备，讲解的内容杂乱无章、语无伦次、声调平淡，学生就会感到乏味、困倦，影响学生学习的积极性，还会直接影响到教育和教学效果。在课堂或操场上讲解不仅是知识的传授，而且也是思维过程和学习方法的传授，这是每位教师应当注意和重视的问题。

如何解释和分析事件、现象、行为、技巧、问题？如何挑选说明的内容？说明中有哪些要点？每一道题都有多少级？如何编排说明的次序？怎样的解释才能达到最佳的效果？在课堂教学中，教师要认真思考、琢磨、推敲、预习这些问题。一位好老师，在对这些问题思考成熟后进入教室或走上操场，就能在传授知识和技能的过程中，运用分析、综合、概括、抽象的认识方法，通过运用自己的讲解技巧，展示辩证的思维过程和科学探讨问题的方法。教师的讲解过程本身就是学生学习分析问题、解决问题的过程，也是潜移默化地传授认识论和方法论的过程。所以，教师讲解必须具有科学严谨的态度，内容正确，层次分明，循序渐进，由浅入深，由表及里，这样的讲解才会给学生留下极其深刻的印象。

（三）结合教学内容影响学生的思想和审美情趣

教书育人是教师的天职。结合教学内容用马列主义的观点和思想教育学生，是当前我国体育教育工作中的一个主要课题。体育教学是一种科学与艺术的结合。体育教师的教学能力、教学艺术水平，取决于其深厚的学识和高超的教学技巧，而在教学中，如同艺术表演家一样，利用自己的风度、气质、语言、声调和姿势、表情、情绪的变化，结合准确优美的动作示范，使学生获得知识和方法，受到思想道德的教育，得到精神上的满足、艺术上的享受、情感上的熏陶、心理上的健康发展。

在体育教学中，思想道德、心理健康的教育与技术动作的教学是同步进行和提高的。在不同的教学阶段，要针对不同的学生和问题，采取灵活多变的讲解形式，耐心说服和热情帮助相结合，使学生端正学习态度、克服困难、排除心理障碍、完成学习任务。对进步较慢的学生，更要关心和爱护，讲解时态度要亲切、和蔼、自然、有耐心，从积极的方面鼓励学生。这样可以调动学生学习的积极性，激发学生向上的情感，教师生动、合理、多变地运用讲解技能的过程，就是向学生奉献爱心的情感教育过程，也是学生思想受到教育、心灵受到净化的过程，还是对学生审美情趣的教育和兴趣爱好的培养过程，可以实现提高学生心理健康水平和审美能力的目的。

五、讲解技能的构成要素

讲解技能的组成成分包括课堂上的几个典型的讲授行为，由实践的经验总结而成。教师的讲解能力包括六个典型的教学行为因素：知识结构、语言规范、例证、科学连接、强调恰当、反馈及时。

（一）严谨的知识框架

教师的讲解不能无序、随意，应根据学生的认识规律，将教材的知识结构清楚地呈现出来，让学生清楚地认识到学习的目的，理解新的概念的内涵和外延，理解基本的分析思维，理解知识之间的逻辑关系。这就是掌握了学科的基本架构。美国心理学家布鲁纳强调要掌握一门学科的基础知识，他说："不管我们选择哪门课，都要让学生了解一门学科的基础知识，这样才能更好地了解这门课的原理。"大到一个学科的系统，小到一个学科和一个学科的关系，构建一个讲解的结构框架，可以让一个学生的教学事半功倍。

（二）规范的语言

标准语言要求解释简洁、连贯、语言准确、清晰；语言和语速符合解说的要求。

讲解的连贯、紧凑指的是两个方面：一是没有吞吞吐吐、"嗯""啊"等迟疑、拖沓的现象；二是释义的衔接紧密，不存在意义分散、跳跃的现象。

讲解文字准确，清晰。要想准确，必须提前把问题中的关键字找出来，做好充分的准备。要想讲清楚，就必须把讲解中的问题和得出结论的基础和先决条件交代得很清楚。

影响教师讲解清晰流畅的因素包括语言的发音、词汇的标准、讲解内容和语句的连贯、适宜的语言节奏和速度四个方面。

1. 语言的发音要正确

要使用标准的普通话来讲解，不要使用方言和口语。

2. 用标准的语言词汇传递信息

在讲述定义、概念、原理、动作和身体部位时，不要用"大概""可能""一般"或口语和俗语。这样易造成概念模糊、不严谨，甚至使学生去胡乱猜测。另外，讲解的词语要正确、句子结构要完整、专业术语要准确。在"调兵遣将"时，要运用正确的队形口令，不要说"向这边，向那边"之类的话。

3. 讲解内容和语句要连贯

讲解的内容有时前后联系非常紧密，若省略其中某一部分事情就会交代不清，有跳跃感。有些体育动作是由一系列技术动作环节构成的，练习是连续完成的。在这种情况下，如果删去其中的主要动作技术环节，会使学生有跳跃脱节的感觉。

4. 适宜的语言节奏和速度

节奏包括语言节奏、内容节奏和时间节奏。语言节奏是指语调高低和速度快慢、强弱的变化。教师的语调、语速要适中，讲解时停顿时间不宜太长，重复的地方不能太多，否则容易给人一种讲解者思维中断的感觉，让人听了心烦。

内容节奏指的是要讲解内容的布局。开头要引起学生的注意；中间叙述要善于变化，提高学生的兴趣；结尾要引起学生的回味和思考。

时间节奏是指合理分配讲解的时间。不要前紧后松或前松后紧。讲解内容应包括导入、内容重点、举例、强调等。因此，在讲解时一定注意合理分配时间，切忌胡子眉毛一把抓，没有重点。

语速是指单位时间内讲解语言的快慢。人的听说能力是有一定承受量的，过快的语速会超过人的负载，是听不清楚、记不住的，会大大降低教学效果。例如，在教授新课时，教授一个技术动作，教师常常采用分解慢速示范，同时配合慢速语速讲解动作要点，以便学生把看和听紧密结合起来，有思考和理解的时间，可以取得较好的视听效果。

（三）典型的例证

实例说明是学生进行学习迁移的一种重要方式，通过实例可以使学生熟悉的经历和新的知识相结合，从而启发学生的理解。在讲解过程中，教师常引用生活中的一些实际经验和体育教学中的经典案例来说明一些简单的道理、常识，以引起学生的重视，使学生对问题有更深刻的理解。因此，使用例证在讲解过程中十分重要。但是，教师在使用例证的同时要注意以下几个方面：一是例证要典型，能鲜明地揭示所讲的问题；二是例证要有很强的针对性，不宜面面俱到或模棱两可；三是举例要通俗、形象直观，适合学生的认知水平；四是动作概念的例证，宜以正面举例为主，慎重采用反面例证，以免产生负面效应。

例如，为了加强学生的安全意识，防止意外受伤，并引起学生的高度注意和重视，教师常举例一些发生在身边的事情，作为例证来教育大家。如天津市某著名中学，在一节体育课中，学生分成两部分，一部分学生进行铅球测验，一部分学生进行排球练习。在练习中，排球突然飞向铅球区，一位学生赶过去捡球，不料被掷出的铅球砸中脑部。所幸抢救及时，该学生脱离了危险，且没有留下后遗症。这样的教学事例使学生记忆深刻，更有说服力。

（四）科学的连接

所谓连接是指教学环节或教学内容之间的过渡与衔接。任何教学内容都不可能游离于学科系统之外而独立存在，清楚连贯的讲解强调新旧知识之间、原理和例证之间、问题和问题之间、前提和结论之间的恰当连接。

例如，在健身跑步教学时，教师应按以下顺序安排内容：首先，了解有氧运动的概念、意义和价值；其次，了解有氧运动锻炼的基本原则和安全注意事项；再次，在讲解的基础上进行比较典型的有氧运动实践，如1500米健身走、1500米跑、6分钟跑、9分钟跑等；最后，讲解心肺循环系统的评价方法及脉搏监控在评价中的作用。这样，教师就把有氧运动的概念、意义、价值、锻炼原则、注意事项、运动实践及评价方法联系起来，使学生对有氧运动形成了比较完整的知识系统。教师的讲解前后呼应，不脱节，环环相扣，形成有机的连接。

（五）恰当的强调

"讲解"只有经过科学取舍、艺术加工才能称之为"技能"，才有质量。否则就与"满堂灌"的陋习无异。所谓加工取舍，就是要抓住教学中的重点难点，选用恰当的讲解方式加以强调。这些重点难点是教学的精要之处，是达到教学目标的关键。讲解时，分清轻重缓急、难易主次，突出重点，突破难点，是实现科学讲解的必由之路。在体育教学中，教师讲解时常

足尖上的体育 ————————————————————————————

强调的内容主要有以下几个方面：

1. 技术环节的强调

如田径的背越式跳高包括助跑、起跳、腾空过杆和落地四个技术环节。而将助跑与起跳的技术结合起来，则是背越式跳高技术中的一个重要环节。所以教师在讲解时必须加以强调。

2. 动作重点的强调

如在篮球进攻技术中，单手胸前传球技术的动作重点是传球瞬间在快速伸小臂的同时，手腕后屈，稍内翻，急促用力前扣；食指、中指、无名指用力拨球。体操技巧中肩肘倒立的动作重点是举腿伸髋，教师要经常反复大声地强调，以便引起学生的注意，帮助学生掌握好重点动作。

3. 动作难点的强调

如篮球体前变向换手运球，变向运球时转体探肩和上下肢协调一致是技术动作的难点；体操技巧教材中头手倒立技术的动作难点是夹肘立腰与展髋的配合。学生往往不易掌握动作难点，教师如果在练习中不反复强调，学生的错误动作一旦定型，改正就困难了。所以教师应在学生的练习过程中，不时地给予语言强调、信号刺激，加快学生形成正确动作的步伐。

4. 易犯错误的强调

如学习跆拳道横踢技术时，易产生"擦腿""身体重心过于后仰""支撑腿原地不动"等错误动作；蹲踞式跳远时，助跑和起跳相结合练习中易产生步点不准；助跑最后几步减速；起跳方向不正，起跳时上、下肢动作不协调等错误。教师应及时抓住典型的错误动作，向学生分析它产生的原因和纠正的方法，尽量减少错误动作的重复次数。对那些已经形成错误动作的学生，更要反复强调，引起注意，尽快纠正。

5. 教学要求的强调

教学要求旨在保证教学过程在教师的控制下，按着教学目标，安全、顺利、有效地进行组织和练习。如教学中，技术动作规格的强调，教师说明技术动作的标准；练习强度和次数的强调，教师要讲清楚可观察和测量的指

102

标。课上准备活动时，教师应经常强调学生要认真练习，充分活动，防止受伤等。

（六）及时的反馈调整

教学的本质是教师和学生之间的互动，从而促进学生的发展。体育老师在讲课时，如果一味地注重自己的讲课，而忽视了学生的学习和听觉，就无法取得良好的教学效果。教学是一种双向的活动，它不仅要传递给学生，而且要把反馈给老师，老师要根据学生对信息的接收情况，不断地改变自己的行为，改变自己的教学方法，这样就可以让学生更好地掌握知识，发展智力，培养他们的道德品质。因此，在教学过程中，教师要时刻保持反馈信息的顺畅传递，以确保教学质量和教学效果。

六、讲解技能的类型

教师讲解的最终目的是使学生能够接受并理解所学知识和技能。学生能否接受和理解教师的讲解，除了受学生的能力、技能知识水平的制约之外，在很大程度上还受教师讲解方法的影响。讲解的方法或类型是多种多样的，每种讲解方法都具有它的特性，都具有不同的思维方式、语言组织和内在的逻辑特点。教师能利用某种讲解方法的特殊作用，将其作为向学生施加某种思想及动作技术概念的媒介和使学生了解、探索并最终掌握所学技术动作的渠道。体育教师讲解的类型大致可以分为事实性讲解、解释性讲解、概念性讲解、归纳性讲解、演绎推理性讲解和对比性讲解。

（一）事实性讲解

事实性讲解的特点是用直述的方式将与教学内容有关的事实有条理地呈现在学生面前，使学生明确教学任务、教学内容、教学目标，获得学习内容的背景知识，建立运动表象、发展形象思维，了解技术动作的名称、结构、顺序、方法、要求及对人体健康的作用等。

在进行事实性讲解时，语言节奏要舒缓、层次要分明、条理要清晰，对某一事物或事件需做正确、具体的交代。在讲解技术动作时，除了要讲明它的结构、顺序、方法之外，还要讲明它们之间的关系。例如，在讲授篮球技术时，要讲解从球传出到同伴接到球这一过程，应包括：传球的动作方法、球飞行的路线和球的落点（球到的位置）以及这三者之间的关系及相互影响。运用事实性讲解方法时，还要注意对事物或事件陈述的准确性，如某运动的起源、创始人、发展过程及目前国内外的最好成绩等。简洁的语言是事实性讲解是否能抓住学生的注意力的重要一环。好的讲解并不意味着教师要面面俱到，教师应懂得在体育教学活动中，讲解只是其中的一部分。简洁的事实便于学生理解、记忆和回忆，在进行事实性讲解时，还要结合声调的变化、提问、反馈及手势、表情、体位的移动和强有力的沉默等广泛的语言信号来吸引学生的注意力。

事实性讲解一般多用于新授课、变换练习及课的开始部分，在一节课结束时，教师也常用事实性讲解对本次课的课堂表现、学生是否达到教学目标等进行评价、总结。

（二）解释性讲解

解释性讲解的特点是教师根据学生已掌握的知识、材料或亲身体验，通过解释性讲解使学生对所学内容或将要完成的技术动作方面获得比较透彻的理解。因为解释是根据某些信息资料做出的，所以教师在应用解释性讲解时，应使学生能够通过记忆或直接观察获得必要的信息和资料。

在教学过程中，教师可以对教学任务、教学目的、教学内容、练习方法、常规要求、注意事项、竞赛规则以及概念、名词、典故、文言词语等进行说明。

在进行解释性讲解时，要保证解释的科学性，根据学生的年龄、知识水平和接受事物的能力，选择解释的深浅程度及运用专业词汇的多寡，同时还要注意解释要简练，要抓住事物的本质做出恰如其分的解释。

在体育教学中，运用人体运动科学原理对学生将要进行的练习进行解释性讲解的内容十分广泛，如姿势反射与运动中的转身，杠杆作用与投掷、压力、弹力系数、惯量、动量、阻力、引力等都能与学生所学的技术动作紧密地结合起来进行解释性讲解，使学生不仅懂得怎样做，而且真正懂得为什么这样做。

在体育教学中，解释性讲解运用的范围很广，凡是对要求学生完成的技术动作通过附加理由来加以说明的都可采用解释性讲解。

（三）概念性讲解

概念性讲解的特点是教师通过对动作技术进行分析、综合、概括，最后使学生形成并获得动作技术概念。

在体育教学中，当学生获得了对教学内容的感性认识以后，教师要及时把学生的认识提高到理性认识的高度，即形成概念。概念是学生掌握体育知识、动作技术的前提和基础，也是学生完成技术动作的重要依据。

在体育教学中，概念又可以分为基本的知识概念和运动的技术概念。

常用的基本概念有速率、节奏、体质、体格、体能、额状面、矢状面、正中线、屈伸、原动肌、对抗肌、固定肌、中和肌、重心、向心力、离心力、运动量、生理负荷量、生理强度、反应时、灵敏、耐力、柔韧、准备活动、赛前状态、进入工作状态、极点、第二次呼吸、恢复、整理活动、有氧代谢、无氧代谢、乳酸供能、非乳酸供能、水感、球感、脉搏、肺活量、呼吸差、腹痛、岔气、重力休克、中暑、运动性贫血等。

运动技术概念有俯卧式跳高、背越式跳高、蹲踞式起跑、疾跑、途中跑、弯道跑、冲刺跑、小步跑、高抬腿跑、后踏跑、车轮跑、加速跑、变速跑、跨步跑、间歇跑、复步、前踏、后踏、步长、步频、脚内侧踢球、脚背内侧踢球、滑步、变向、急停、双手胸前传球、单手肩上传球、飘球、扣球、垫球、传球、探头球、滑步、提拉球、弧圈球等。

基本知识要领的掌握对体育教学最终的效果有直接影响。

教师在对基本要领进行讲解时，还可以通过学生的亲身感受，用生动形象的语言描述建立概念。

运动技术概念具有某些独有的特征，教师可以通过和其他概念相对比来进行讲解。概念性讲解运用得不好，往往容易造成学生虽然通过教师的讲解明确了运动技术的概念，却不知道这一概念与其他概念之间的联系，或者知道这种联系却不知道这一动作技术的特征，这一点必须引起教师的注意。

概念性讲解在体育教学中的运用极为广泛。在教学实践中，许多教师把复杂的要领用精练的语言编成口诀，方便了学生的理解和记忆。概念性讲解除了要准确地阐明事物的本质特征之外，还要通过学生的练习，使其对概念的抽象认识向解决实际问题的方向转化。只有经过这一过程，对概念的掌握才能巩固。

（四）归纳性讲解

归纳性讲解的特点是学生通过观察或实际操作，在获得大量的观察资料和感性认识后，教师对它们进行归纳概括，从而形成动作技术概念，得出结论。采用归纳讲解的目的是通过学生的积极观察与思考，引出某种正确的结论或技术动作的概念，使学生在脑子里对教师的讲解留下一幅清晰的图像。

归纳性讲解是一种能够达到多种目的的教学策略。

第一，归纳讲解是形成概念和讲授概念的有效手段。

第二，归纳讲解是激发学生学习动机的一种有效方法。

第三，体育课上多采用直接讲授的方法，归纳讲解使教学多样化，从而引起学生的兴趣。

第四，由于归纳讲解前必须要鼓励学生进行观察或参与一定的活动，所以它使绝大部分学生都有参加学习活动的机会。

教师在采用归纳讲解时应明确，观察是归纳讲解的必要前提和基础。教师在进行归纳讲解前，应要求学生对课堂中提供的全部观察资料进行认真细致的观察，并认真听取学生的问题，鼓励学生发现问题，总结概括，形成概念。教师在学生观察并提出自己的观点后，对来自学生的各种信息进行归纳讲解，形成技术动作概念或结论。在体育教学中，教师应根据教学目标，在课前设计好学生的观察资料和活动，如动作技术图片、教学影视片、示范的动作方法等，通过这些观察资料和实例，使学生获得形成技术动作概念或结论的多种信息。教师课前设计的观察资料的好坏影响着学生所获得的技术动作概念或结论的完整性和准确性。教师在设计观察资料和指导学生观察时，要考虑到学生已掌握的背景知识，指导学生进行观察，提高学生观察的效果。在提倡培养学生分析能力、解决问题能力的今天，归纳讲解在体育教学中具有更重要的意义。它能发展学生的过程技能，尤其是对发展小学生的感知技能和观察技能以及中学生的推理技能等方面都有很好的效果。

（五）演绎推理性讲解

演绎推理性讲解的特点是以一个概念或定义为前提，以事件或所观察的资料为依据，通过解释推理或预测推理得出结论。演绎推理的一般形式是三段论法，即以一个前项、一个中项和一个结论来表示。

在体育教学实践中，教师运用演绎推理讲解得出的结论更容易被学生接受，能使学生加深对技术动作概念的理解，增强结论的可信度；能够培养学生正确的逻辑思维能力。教师在运用演绎推理讲解时，必须满足两个条件：第一，学生必须掌握作为大前提或推理过程起点的抽象概念或定义。第二，学生必须能够把观察到的或记忆中的事实与运用演绎推理性讲解说明后的技术概念来举例，首先要使学生懂得将已有的抽象概念联系起来。

（六）对比性讲解

对比性讲解是把相应的两个方面或几个方面加以对比，指出正误、优劣、差异等。如在体育教学中，时常有数量、质量、姿势、远度、高度等的对比。进行对比讲解，反衬性大、形象具体、感觉鲜明、容易理解、印象深刻，有较好的启发性。

1. 正误对比讲解

正误对比讲解在改进和掌握运动技能的教学阶段经常运用。当学生练习到一定程度时，教师习惯找出几个运动技能掌握得相对好一点的学生做动作示范，然后再找出几个运动技能掌握得相对差点、存在典型错误动作的学生做动作示范。在示范之前教师要向学生提出需要思考的问题；在做动作示范时，要求学生认真观察。正确动作与错误动作示范之后，在师生共同讨论的基础上，教师常采用正误对比的讲解，分析正确动作的特点和错误动作的表现形式，明确正确完成动作的规格要求，找出产生错误动作的原因，提高学生对正误动作的鉴别能力，明确练习中应注意的问题，促进运动技能的学习、改进与提高。

2. 特点对比讲解

特点是指人或事物所具有的独特之处。分析、综合出不同人、不同事物和现象的特点，再进行对比讲解，这在体育教学中也是常用的一种讲解方法。

3. 差异对比讲解

差异对比讲解是指从身体指标、健康状况、技能水平、纪律现状、服装、色彩、语言、胜负等差异进行对比讲解，可以帮助学生客观地评价自己、找出差距、明确方向和目标、制订计划、采取措施、稳步前进。

七、讲解技能提升的要求

（一）讲解要有目的性

讲解的目的要明确具体。教师要根据一节课的教学目的，明确每一段讲解内容的目的。"在知识上让学生学会什么，学到什么程度，在技能上让学生学会什么"，这是教师在讲课时要考虑的首要问题。教师一定要明确：讲解是启发学生思维，而不是代替学生思维。

（二）讲解结构要明确

要在认真确定教学目标、分析教学的重点和难点、明确新旧知识相互联系的基础上，理顺知识结构之序、学生思维发展之序，提出系列化的关键问题，从而形成清晰的讲解框架。这样，易使讲解条理清楚，引起学生思考。

（三）讲解要有计划性

教师对讲解内容要有周密的计划，详尽的安排。首先，要明确讲解内容的顺序，选用什么样的范例，先讲什么，后讲什么，怎样讲才能吸引学生，才能使学生接受和理解。其次，要考虑内容之间的联系，使讲解内容成为一个完整的、连贯的体系，便于学生理解、记忆。最后，要考虑讲解与练习的衔接，讲练结合的成功与否，往往是一节课的关键。

（四）讲解要突出引导性

在讲解过程中，要注意引导学生去思考、分析和概括，培养他们独立的、不轻易相信他人的意识。对任何事物、问题都要有自己的判断和独立的认识，注重教给学生学习方法，使他们会学、善学、乐学。

（五）讲解要有启发性

要把直观、具体的现象、实例、事件，通过分析、综合和概括，升华为理性的概念和规律。要留有一定的思索余地。要把握好讲解的时机，凡是对重要内容作本质论述时，应尽量创设良好的教学情境。

（六）讲解要注意反馈调控

在讲解中，教师要重视反馈，通过观察学生的表情、行为和操作，留意学生的非正式发言或无意的技能行为，及时收集讲解效果反馈信息，及时调整、控制教学，并注意及时巩固、应用理论联系实际，以达到教学目标。

（七）讲解要有实例

例证是进行学习迁移的重要手段，包括学生熟悉的生活实例和运用学过的体育知识实例。例证能将熟悉的经验与新的知识与技能、原理和概括联系起来。举例的数量与质量（所举例子与概念之间的联系）要调整好，要做透彻的分析。

（八）讲解要有针对性和可接受性

课堂讲解要有针对性和可接受性，即教师要根据学生的知识水平、心理特点，采用学生能够接受的语言进行讲解。讲解的针对性与可接受性相辅相成，密不可分，只有考虑到学生的实际情况，教师的课堂讲解才是学生能够接受的。学生能够接受的课堂讲解，也必定是针对了学生的知识、能力发展、心理状态等实际情况而进行的讲解。

因此，教师在讲解时，应因人、因时、因地、因事而定，决不能千篇一律，重复一个调子。

（九）讲解要与其他教学技能配合使用

实践经验证明：教师在讲解时必须和其他技能密切配合，才能提高讲解的效率。例如，在讲解时教师借助提问加强反馈；教师边讲解边演示；边讲解边示范都是常用的方式。一方面，可以借此提高学生的学习兴趣；另一方面，使学生多种感官同时参与学习，提高学习的有效性。老师在讲解的时候，可以利用语言的声调和速度来引起学生的注意力，并加以突出。体态语言在教师讲解中的作用大，教师的一个手势、一个微笑都可以起到意想不到的作用。教师在讲解时还应该对学生的学习行为给予鼓励和肯定，以激发学生的热情。总之，教师在讲解时要采取多种措施，使学生"愿意学，学得会"。

（十）讲解语言要有趣味性与艺术性

讲解语言的趣味性要求教师上课时使用生动活泼、诙谐幽默的语言，结合教学内容，进行生动的叙述、形象的描绘。但是教学语言的趣味性应该注意分寸、界限和场合。教学语言的生动有趣还应注意避免流于庸俗、低级，甚至污言秽语，污染教学环境。教学语言的趣味性应做到生动有度，活泼有节。

课堂讲解的艺术性首先表现在讲解语言的语音美，即讲解要口齿清楚，发音准确，吐字清晰；音质悦耳，嗓音甜润优美，富于变化；音速适度、音高合理、语速恰当。其次，课堂讲解的艺术性还表现在讲解内容的意境美。课堂讲解语言要做到语言准确、简明、通俗，构成鲜明的意境美。

八、讲解技能的注意事项

（1）认真钻研教材，分析授课内容，确定讲解要点，避免面面俱到、模糊笼统的讲解。

（2）要考虑课的前后之间、课与课之间、体育课与其他学科之间的联系，力争做到循序渐进，承前启后，相互渗透。

（3）选择符合授课内容的讲解类型，根据课的不同部分，所授教材的内容特点，变化讲解方式，集体、小组、个别讲解互相配合，体现讲解的多样性。

（4）在讲解之前，要清楚地说明内容的范围、重点、难点以及与学生所掌握的知识之间的关系，以便让讲解的过程更加清晰，并在知识的发展中形成一种逻辑上的必然性。

（5）讲解时，要从学生所掌握的所有知识中提取出与问题相关的部分，作为引导、启发和讲解的起点，鼓励学生利用现有的知识去思考所面对的问题。老师在学生无法解答问题时，要给他们详细说明。

（6）教师应寻求最合适的讲解方式，以保证教学效果。

（7）讲解要简洁精练，抓住要点，保证学生有足够的练习时间。

（8）讲解要使全体学生都能听见，避免使用学生不懂的专业术语和词汇。

（9）讲解要与其他教学技能相结合，提高讲解的直观性、生动性、形象性和趣味性。

第五节 示范技能的提升

一、什么是示范技能

"耳听为虚，眼见为实。"眼睛是人类感官中最重要的器官，大脑中约有80%的知识和记忆都是通过眼睛获取的。运动技能的学习亦是如此，对于一项新授的运动技能，最直接的教学方法是由体育老师演示。

动作演示是由老师（或由老师指派的学员）以自己的动作为范例，让学生清楚地了解所要学习的动作形象、技术结构、要领和动作方式。通过体育教师的示范，让学生能直观地获取该项运动技术的信息，在大脑中留下深刻印象；然后结合教师的讲解和多次的练习，学生就能较好、较快地掌握该项运动技术。

在实际运动中，我们经常会用特定的动作来演示，以培养学生对技术动作的准确性和完整性。

在运动教学中，适当的运动演示既能让学生获得直观感受，又能有效提高学生对动作要领的理解，并能促进学生的学习积极性，从而形成正确的动态决策。教师正确、熟练、优美的示范，是提高课堂教学质量的关键。

二、示范技能的功能

（一）建立正确的动作表象，有利于更快地掌握技术动作

在运动教学中，演示是指老师将整个技术动作的整体演示给学生，使其

由感性的认知发展为理性的认知，通过直观的观察来理解动作的结构顺序、形象、要领和方法，使其更好地模仿，并使其展现出正确的动作。

从生理上讲，学生掌握动作技术要经历三个阶段：初步掌握动作、提高动作能力、巩固和运用动作能力。在粗略掌握动作阶段，学生对所要学习的动作没有感性认识，采用示范和讲解进行教学，可以使学生理解动作学习任务，建立动作表象和一般概念，形成动作的基本结构。在进入改进和提高动作阶段，由于学生容易出动作不准确、不协调等问题，并伴有多余的动作和错误的动作，此时，教师运用多种示范（例如，正误对照示范）可以帮助学员加深对动作的认识，增强动作的协调能力，规范动作细节，形成动力定型。

（二）激发学生的运动兴趣，提高教学效果

培养学生的运动兴趣和爱好是新课程的具体目标之一。因为学生有了良好的运动兴趣和爱好，就能形成运动的积极情感，乐于参与练习，体验成功的乐趣，从而真正地形成坚持锻炼的习惯，为终身体育奠定基础。

教师在体育教学中正确、轻快、优美的动作展示，能让学生被教师的示范动作所感染，在欣赏示范动作的过程中感受到力量的鼓舞和美的熏陶。在老师的示范动作的作用下，学生会自然而然地产生一种想要尝试的冲动，这样才能激发他们对动作技巧的兴趣，从而确保教学任务的顺利进行。

（三）培养学生分析问题和解决问题的能力

为了更好地实现体育课教学中动作示范的效果，提高学生的观察能力，教师在示范前或在学生观察动作的同时，经常会采用提问、引导、启发等手段，提出问题，让学生仔细观察，独立思考，积极讨论，比较概括，理解动作，做出回答，从而培养学生分析问题、解决问题的能力。例如，在篮球体前变向换手运球教学中，教师会提出"遇到障碍如何变方向""变向后怎样快速推进"等问题。在教师的有效提示和启发下，学生通过对动作的仔细观察，不仅能扩大直接经验范围，丰富感性认识，加深对动作的直接感受程度，形成正确概念和动作，而且能有效地训练学生观察、思考、分析、归纳、综合和概括的能力。学生通过观察分析、总结教学过程，不仅是掌握方法和分析问题的过程，也是提高观察能力、分析问题能力和解决问题能力的过程。

（四）提高学生的审美艺术素质

恰当的教学示范能让学生在体态美、力量美、娴熟美和身体健康的同时，得到一种满足的心理感受，从而对运动技术动作的学习产生浓厚的兴趣。因此，在教学中，只有将美融入到动作中，才能更好地满足学生的需求，并使其保持动作美、姿态美、形体美，从而使其提高审美和艺术的境界。

三、示范技能提升的原则

示范技能提升主要遵循以下五个原则：服务性原则、可行性原则、指向性原则、针对性原则和实效性原则。

（一）服务性原则

动作示范是为了顺利实施教学，指导学生完成运动技能学习的一种教学手段。因此，运用时必须始终围绕具体的教学目标、内容及要求，根据教学活动的进展情况，结合教学实践以及整体或个体的需要进行。

（二）可行性原则

动作示范的运用，必须根据教学任务的要求，内容和进度充分照顾到学生的自身条件，即学生现有的知识、技能及各自的认知能力等因素。同时也要考虑到教学环境和教学条件，所实施的示范动作必须引起学生的注意并形成正确的学习心理定向，在可行的基础上进行。

（三）指向性原则

动作示范的目的是让学生在学习的过程中获得一个直观、立体、清晰的运动表象，建立起正确的技术动作概念，进而促进运动技能的掌握。因此，教师的动作示范必须根据学生心理的需要并结合实际，明确指向教学内容和需要解决的动作技术问题。

（四）针对性原则

动作示范的内容、形式、方法不同，所起的作用也就不同，得到的教学效果也不同。运用示范要根据学生实际和教学需要，有针对性地进行。

（五）实效性原则

动作示范要讲究实效性，要在示范规范、突出重点、确保质量的前提下，结合实际，选择好时机，使自己处于最佳的示范位置，控制好速率与节奏，确保学生得到有效观察。

四、示范技能提升的基本要求

（一）动作示范要有明确的目的

在直观教学中，演示是一种重要的教学方式。在具体的示范中，要让学生注意到哪些动作，要让他们明白哪些。比如，在新的教材中，要让学生形成一个完整的动作概念，通常可以先作一个整体的演示，让学生通过观看，熟悉动作的结构、过程，再根据教学要求进行分解，以缓慢或正常的速度进行重点示范。通过这种方式，完成整个示范，为重点示范做好铺垫，突出重点示范动作，以便于学生快速了解老师所讲的内容，从而实现预期目标。

（二）动作示范要正确、美观

所谓"准"就是要严格按照"动作技术规范"来进行演示，确保学生在"动作"中树立"正确"的形象；美感就是表现得活灵活现、引人入胜，从而使表演能引起学生的兴趣。体育教学中，教师的示范动作应力求做到正确、熟练、轻快、美观，这样不仅可以使学生建立清晰的动作表象，还可以激发学生的学习热情，提高学习兴趣。

（三）示范时机把握得当

体育教师示范的时机关系到示范的效果和课程的连贯性。老师演示的时间取决于学生的体质以及学生对技术动作的掌握程度。

首先，在学习新课程的过程中，进行操作演示。教师要在教学中运用适当的教学方法，使学生认识到要学的东西，并掌握一个基本的运动过程，使他们产生学习的兴趣。

其次，在遇到重难点的时候，进行演示和讲解。每节课都有重点难点，如何突出重点、化解难点，是课堂教学成功与否的关键所在，而恰当的演示、精确的解说，则能有效地突破重点难点，增强练习的针对性和实效性。例如，在新课的"山羊跳"课中，学生在做完试练后，老师会重点讲解正确的示范和重点，以打破教学中的难点，让学生更好地理解动作，从而提高动作的准确性。

再次，当遇到困难时，进行示范讲解，就是当大多数学生在学习上遇到了明显的困难或普遍存在的问题时进行示范讲解。在新课教学中，由于刚入门，学生容易产生学习上的困难，对动作的理解也有明显的难度，此时老师或学生就必须反复演示，老师和学生进行评价。例如，在新课程中，当学生在进行"180度翻身"时，如果出现了前翻跟头、横摆、重心不稳等情况，老师可以做示范动作并进行讲解（或者由动作较好的同学示范，让师生一起讨论），帮助学生解决一些难点和共性问题，从而提高他们的学习积极性和有效性。

最后，当学习中出现"瓶颈"现象时，进行示范讲解。在学生掌握了一定的基础知识后，往往会遇到一个困难的过程，即"瓶颈"现象。当这种情况发生时，老师（或学生）必须反复演示，并进行详细的讲解（老师和学生共同点评），让学生理解"瓶颈"所在的位置，并通过优化的方法来突破"瓶颈"。

（四）选择正确的示范位置与示范方向，便于学生观察

这个演示旨在为学生提供一个例子。必须使所有的学生都能看到和看清楚。所以，在教学中，教师的示范既要有规范，又要有明确的位置和方向。通常情况下，演示的位置距离要考虑到学员的队形、动作的性质和安全性的需要，例如，在武术课中，传授基础动作时，要采取横排队形，老师要在等边三角形的顶点上进行示范；如果是以小组为单位进行的复习，老师要在队列的左边引导学生进行训练。再比如跳远，要进行侧向演示，以便让同学们了解如何进行单腿起跳、踏跳的准确的技术动作。在跳远教学中，要注意到起跳技术的难度，应该让同学们在跳远沙坑的两边观看老师演示，这样可以让他们的目光一直跟随着老师的示范动作。

（五）示范与讲解有机结合

示范与讲解是体育教学中不可分割的一个整体，只有示范没有讲解，学生只能看到一个具体的动作形象；如果没有演示，学生们也只是得到了一些抽象的东西。所以，必须把演示和解释相结合，才能更好地发挥其作用。

示范与讲解的配合方式有：先示范后讲解、先讲解后示范、边讲解边示范、边讲解边示范边练习等。在体育教学中选用哪种示范讲解配合方式，应根据教学的具体情况、所学动作的难易程度及学生的年龄、心理特点等而定。

比如，在学侧翻身的时候，老师的演示会让同学们感受到身体的外在构造。接着，在讲解的过程中，建议双手双脚在地面上连续着地，在时间和空间上做一个平面，使学生能够模仿老师的动作，理解"地面一条线，天空一个面"。通过演示和讲解的结合，使学生更容易理解整体的操作规范。这样，就可以减少不必要的教学步骤，使学生对侧翻身技术的理解过程大为缩短。实践表明，只有将讲解和演示相结合，使学生能够建立完整、正确的技术动作概念，并形成正确的形象，以达到提高训练效果的目的。

（六）示范的形式要多样化

示范要结合学生的实际，做重点完整示范、分解示范、普通速率示范、减速示范。如果是新的教科书，老师要以标准的速率演示一遍，让学生对教科书的整体技术结构有一个初步认识，再以缓慢的速度进行分解，让学生明白动作的要领、要求等，从而形成一个整体的运动形象。举例来说：在初学少年拳的第一套的基础上，首先要以普通的速度向学员展示一套完整的动作，让学员对少年拳的基本动作结构有一个基本的认识，然后再按照课程的要求进行分解和演示。此外，还可以使用可视化的教学工具，如视频、图片等来弥补演示的缺陷，提高教学效果。另外，在练习时，老师要根据学生的实际情况，由熟练的技术动作来做示范，由老师进行分析，并根据需要，通过模拟和比较，使技术动作更加深入，教学更加有效。

五、示范技能的构成要素

示范技能的构成要素由示范目的、速度、距离、位置、时机、示范与讲解配合构成。

（一）目的

老师在做每个技术演示前都要有一个清晰的目标。"怎么演示？何时进行演示？先做个示范？后面是怎么做的？如何演示？演示的时候，需要看些什么？"在不同的教学阶段，教师应该采取不同的示范。不管老师采取何种教学方式，教学目标必须是清晰的。在构建完整的行为观念时，必须使用完整的演示；为了掌握技术动作中的一个环节，可以采取分解演示；在矫正错误行为时，可以使用正、误对照示范。

（二）速度

教师在教学中要针对学生的具体情况，采用不同的速度，以帮助学生形成完整的、准确的运动表现。通常可以用常规的速度来演示，但是如果要强调运动结构中的一些环节，就会使用缓慢的演示。

（三）距离

演示的距离很大程度上依赖于所做的活动范围、学生人数以及安全需求。一般而言，大型器械项目中，有较大的动作，都要让学生观察整个动作的演示，演示的距离应该是合适的，如果不是，可以靠近些。

（四）位置（方向）

在演示的位置上，要依据所使用的队列队形、动作的性质、身体练习的技术结构、学生观察动作的身体练习部位、安全的条件等来选取和决定。另外，要注意避免太阳的暴晒。

（五）时机

老师要随时为学生做示范，以满足教学的需求。正确地选取示范时间，是提升示范效果的关键。

（六）示范与讲解的配合

示范是讲解的先导，讲解是示范的补充和说明。讲解与示范的紧密配合运用可以取得最佳的动作示范效果。示范与讲解的搭配有三种形式："示范—讲解—示范""讲解—示范—讲解""边讲解，边示范"。

六、示范技能的类型

根据示范动作的结构、目的、形式、位置及示范者的身份等情况，示范技能类型各有不同。

（一）按示范动作的结构划分

1. 完整示范

完整示范是指教师示范时从动作开始到动作结束，完整、连续地进行示范。在新授课中，为了使学生对所学习的技术动作的结构和形式有一个清晰的运动表象，建立完整的技术概念，教师多采用完整示范。在传授简单技术动作时，要使动作结构完整，使动作技术的整体观念与动作之间的关系得以建立，常常采用完整示范，例如前滚翻的教学。

2. 分解示范

分解示范是指教师将较为复杂的技术动作，按技术结构或身体的部分合理地分成几部分，然后按各部分逐段进行示范。该示范的优势在于减少了动作技巧的难度，有利于学生的理解，强调了教学的重点和难点，例如，跳远技术是由助跑、起跳、腾空、落地四个部分组成，其中助跑与起跳相结合技术是跳远的重点，在教学中往往会先分解动作，抓住这个环节进行教学。

（二）按示范的目的划分

1. 认知示范

认知示范是一种让学生了解所学的东西的示范，它的主要目的是要让学生对整个动作有一个总体的印象，并有一个大概的概念。这个示范要正确、朴实，要使学生的注意力集中在整体上，而不是在细节上。

2. 学法（练）示范

"学法"是指教学生如何学习的一个例子，这个演示的重点在于让学生理解完成的顺序、要点、关键、难点等。在做这样的演示时，要让学生把注意力集中在主要动作上。

3. 正误对比示范

运用正、误对照的方法，能让学生更好地认识自身的外在表现，从而更好地掌握动作的结构。在做这样的演示时，要强调错误的特点，而不是夸大。正误对照的方法可以是"对—错—对"或"错—对—对"。

（三）按示范的方向划分

在体育教学中，教师常用的示范方向有正面示范、背面示范、侧面示范和镜面示范。

1. 正面示范

正面示范是老师和学生面对面地站着做的演示。正面示范有助于老师展示正面的操作要领，例如，球类项目中，多采用正面示范。如果要展示的是身体的左右运动、侧屈、上肢的侧平举、斜上举等，那么就可以采用正面示范。

2. 背面示范

背面示范是老师在背对着学生做的演示。背对式的演示有利于演示老师的背面动作或左右动作，动作的方向、路线变化较为复杂，便于老师进行领做，也便于学生效仿，例如，武术套路的传授。为方便学员学习与记忆方位、线路变化较为复杂的动作，如武术、体操、艺术体操等，可以采用背面示范。

3. 侧面示范

侧面示范是老师对着学生做的一个侧面的演示。这有助于演示运动的侧面和沿前、后两个方向的运动，例如，在奔跑时的摆动和腿部的后退。为了展示腿的后蹬动作、身体的前后屈伸、前后摆腿和踢腿的动作，我们可以选用侧面示范。

4. 镜面示范

镜面示范是指老师在学生面前做的与学生同向的示范。其特点是学生与教师的动作相互呼应，易于教学，易于教师领做，学生模仿。如徒手操、广播体操等。

（四）按示范者身份划分

1. 教师示范

教师示范是指教师根据教学的需要，按照技术动作规格和练习方法的要求完成的示范。在学习新技术动作时，为了使学生建立正确的动作表象，形成清晰的技术动作概念，一般多采用教师示范。除此以外，在练习的时候，老师经常会要求同学们进行演示，让他们将自己的动作和演示的动作进行对比，找出他们的不足之处，并加以改正。

2. 学生示范

学生示范是指为了密切配合教师的教学需要所进行的示范。学生示范的优点在于示范者与学习者处于同一水平，不仅能够为学生创造自我表现、积极参与的机会，通过对学生的鼓励和启发，可以有效弥补由于各种原因造成的教学缺陷。在挑选学生进行示范时，要注意哪些有技术动作的特点，并可以挑选出有代表性的技术错误作为示范。这样有一个比较，使学生获得清晰而正确的运动表象。

第六节　口令技能的提升

一、口令的概念

口令是老师（或声音）所传达的指令，是指导学生集体行为的指令，是学生在课堂上进行集体活动的一种工具。课堂上整体协同行动得好与坏，关键体现在口令的下达。课堂上集合整队、徒手操、组织练习等各种教学活动均离不开口令，又是教师与学生交流的方式之一，是体育教师应具备的基本教学能力。

口令在许多情况下都属于语言法，它是一种由老师用最简洁的语言和指令来引导学生练习的一种语法。口令法是一种体育教学法，学生在老师的指令和指示下，完成指定的动作。运动口令是一种教学语言，它是一种通过使用特定的语言和符号，按照特定的程序来完成教学任务的教学语言。

二、口令技能提升的原则

（一）目的性

体育教师的命令并不是用严厉的命令来震慑学生，而是让他们主动去执行。因此，老师的每个指令都有其教育含义。

比如"立正"，既要让学生站稳脚跟、行动敏捷，培养他们听从口令的意识，又要让他们学会"立正"。只有如此，学生们才能真正做到"立正"。又例如，预备活动的目标，就是要把学生由原先的状态提升到适当的亢奋状态。所以，"口令"的语调一开头，就不能对学生产生强烈的心理刺激，要根据学生的准备过程，逐步提高音调，控制语速，让口令与学生的情绪和动作完全一致，产生共鸣。

（二）多样性

为了更好地适应目前的体育教学，在训练中必须要有不同的指挥口令。丰富的语言是实现高质量教学的关键，而口令的多样化又是一种有效的指挥艺术。单纯的指挥方法会造成听觉、视觉上的疲劳，而要想获得不同的听觉、视觉上的刺激，就必须采用多种指令。通过语言指挥、动作指挥、小道具指挥、运动指挥，或由运动骨干指挥、集体指挥、团体训练等多种形式交替进行，使学员在指挥的过程中不断地获得新的信息，从而使他们在训练中始终保持新鲜，并能激发他们的学习热情。

（三）准确性

口令的准确与否与训练的质量息息相关。如果口令有误，或者有不同的理解，那么操作者就会手忙脚乱。口令的准确是体育教师提高口令水平的一个重要体现，它体现在口令的独一性上，而发出的口令不仅要使学习者对口令的理解变得简单，而且要能够迅速、准确地了解其特点。而且一些命令是预先命令和行动命令，还有一些没有命令。在预先命令和行动命令的口令中，要大声地喊出预先命令，以吸引学员的注意力，行动命令要坚决、有力；没有预先命令的口令要激昂澎湃。口令的准确度体现在口令和训练的动作上，只有这样，口令的出现才能让练习者迅速理解。

三、口令技能提升的基本要求

（一）常规口令的运用

（1）在发出简短的命令时，要简短、清楚。如果"立正"时，要先吸一口气，然后再呼气，以合适的音调喊出口令，"正"音要充分，不能太低，要根据队伍和场面的大小来确定口令的声音的大小。

（2）在队列口令中，由前命令、动命令构成的口令数量最多。例如，站立式转体，当喊口令时，学生在听到命令后，要做好准备，听到命令后马上行动。在发出口令的时候，注意发音要清晰，在命令和命令之间要有一个适当的间隔。

（3）行军的口令，既有预令，也有动令，这种口令要根据预令和动令的结合来执行，并且要注意时间和命令的落点。

（二）数字口令的运用

（1）要因人而异。不同的学生有自己不同的节奏，因此要因人而异地运用数字口令，控制好节奏的快慢、强弱和时间间隔等，以免适得其反。

（2）设置用于提醒操作时间的数字口令。在进行动作训练时，数字口令通常是老师自己制定的，要求老师们要掌握口令的强度和频率，并且要让他们知道你使用的口令要表达什么。

（3）使用数字口令的时间。数字口令是一种对动作的控制，在学生掌握了一定的技巧之后才能使用，如果学生已经有了一定的节奏，可以试着把数字口令去掉，让他们按照自己的方式来进行操作。

（三）信号口令的运用

（1）利用口哨可以降低噪声，并能有效地保护老师的健康。

（2）口哨的声音清脆、响亮，丰富了课堂教学的语言。教室里的各种口哨能够有效地传达老师的指令，并能组织同学们进行不同的训练。

（3）短促、清脆的口哨以其独特的声音能快速激发学生的条件反射，适用于体育课堂，能有效地进行教学，增加课堂的密集程度，提高教学效果。

（4）在使用口哨时，要注意避免将口哨变为噪声，特别是在初中生身上，因为孩子们对声音的反应比较敏感，因此要结合实际情况，或用其他音响替代口哨。

（5）在课堂上适当地使用掌声，也会产生一些影响。击掌容易，节奏容易调整，而且有亲和力，更能激发学生的积极性。

（6）鼓掌既能训练学生的节奏感，也能使学生体会到运动要领，集中精神，不至于使人产生反感。

四、口令的特征

口令不仅具备了普通语言的特性，而且在教学过程中也表现出了自身的特色。

（一）口令的准确性

口令本身就是准确的，老师必须正确地发出指令，才能使学生正确地执行。运动口号是从军事口号中衍生出来的，它的内涵很清楚。老师要保证口令的时机、口令的清晰，音正意准。在体育教师使用口令时，最忌讳的就是口令不准确。

例如，看似简单的"立——定"口令的下达，下达时，"立"应落在哪只脚上，"立——定"应该用怎样的节奏喊，这都必须准确掌握；有些运动应该是"走"，然后转身继续跑，应当下达"向后转——走"而不能喊成"向后转——跑"；还有踏步时"原地踏步——走"，就不可以下达为"原地踏步——踏"，这些口令语言都应该严格正确地运用。

（二）口令的简洁性

运动口号是简洁的。老师通常使用简单的语言和数字来指导学生做什么。在发布命令时，不需要解释"为什么"，只需要说出"是什么""怎么办"。简单来说，重点突出，没有废话，这是口令的一个显著特征。语言要简洁，口令要坚决，绝不能有丝毫犹豫，如果口令不够坚定，就会使学员不能完美地执行所要求的动作。具体的教学方法既能让学生明白，又能节省老师的时间。

如"稍息、立正、集合、分散"等口令，教师就没有必要再多做烦琐的指示，只要简单的几个词，学生就明白了自己要完成的动作。

（三）口令的节奏性

口令声有长短、高低之分，老师的口令通常都是清晰、响亮、抑扬顿挫的，而我们在日常生活中是不会使用有节奏感的口令的，因此，节奏是口令的一个重要特征。

体育教学中口令的节奏性主要表现为：口令的拆解，例如，"预备——起""一二、三四、五六、七八"，使听者有充分的准备时间，动作的节拍整齐，同时也能确保老师在喊口令时呼吸顺畅；在一体化的整合指令中，下达口令更要清晰，短而快，特别是只有动令的系列口令中，如"稍息、立正、集合、报数、坐下、起立"等，口令切忌无力或速度慢，只有有力准确的口令，才能使学生感受到教师的威严，才能精神集中、动作迅速。

（四）口令的针对性

口令是一种指示，所以必须有目标，是老师在特定目标下发出的信号和命令。老师的每个指令都应该是有预见性的，也就是：学生准备、实施口令的效果，等等。所谓的口令，就是要精准，就是要有针对性，比如集合、队列训练、体育比赛、团体活动，等等。尤其是在很多运动项目中，必须要有针对性地传达相关的口令和词语，并且要留意所发的口令的间隔和时机。口令具有很强的针对性，能让学生的口令变得简洁，使学生精神饱满、精力集中，能更好地完成口令的每个指令，并能提高老师的组织性，减轻老师的负担。

（五）口令的程序性

口令要有一定的程序，例如，在学生集合之前，不能喊"稍息、立正"。预动令的组合，需要先下达命令，然后才能发出命令。

五、口令的功能

（一）控制课堂秩序，提高教学效果

体育课通常是在开阔的场地进行的，由于上课环境、上课形式的变化，学生很容易被外界干扰，从而削弱了老师的主导能力。例如，做几个队形转换口令，可以让同学们更好地集中精神，对动作进行有效的指导，将混乱的局面变为有序的局面，进而控制好教学秩序，提高教学效果。

（二）有效进行调动，节约教学时间

体育课教学从开始到结束，离不开队伍的安排与调动。课中合理地安排

队伍、及时调动练习队伍或者组织学生的队形，不仅能严密教学组织，更有利于师生的课堂交流。队伍调动得当与否直接影响教学质量和教学效果。

口令具有调动、调节的作用，教师掌握好口令技能后，可以通过不同的声音、音调，发出各种形式的口令来准确调动、指挥队伍，具有针对性地下达指令，可以有效节约教学时间。例如，要求学生成四列横队集合时，教师就可以直接下达口令：成四列横队——集合！如果教师不是下达口令，而是说：同学们，集合，站成四列横队。这样不仅语言上浪费时间，而且可能因学生不理解教师的指令而导致队伍组织上的时间浪费。而且，教师还可以把教学的重点内容变成简洁的教学口令，在教学中提醒学生注意动作，这样也能节约教学时间，使一节课能够更好地、更大限度地被利用。

（三）树立教师威信，提高教师信心

在体育教学中，内容变化频繁，组织教法多，总有可能出现失控现象，学生们乱而无章法是每位教师都要面临的问题。在遇到这种问题时，教师就要拿出威严的一面来进行处理。向学生传达信息时必须跟随口令的指示做出对应的动作，具有强制性。教师尤其是新教师在课上与学生接触的时候，口令传达了你的思想，这样无形中树立了教师的威信。用准确、干脆且合理又带有命令口吻的口令向学生传递教师对本课教学的重视，也可以展现出教师的自信。学生们在教师口令的带动下，能够紧紧跟随教师的思路，表现出体育活动的活而不乱，教学过程安排有序，也能更好地提高教师的信心。如果教师在体育教学中口令下达得没有气势，含混不清、不熟练甚至不正确，口令缺乏威严感与震撼力，这样不仅使教师在学生面前的威信大打折扣，而且可能会出现教学过程散架的现象，更不要说教学的效果了。

（四）调动课堂气氛，振奋学生精神

在教学中，教师的一言一行时刻影响着学生，在一堂课的开始，教师如果精神抖擞地向学生问好，学生的精神也会为之振奋。口令可以树立教师的威信，使得学生紧随教师思想，同样也能调动课堂气氛，喊口令是一种愉快的活动，教师洪亮的口令，可以充分调动学生的情绪。在教学中，教师和学

生的情绪互相影响，教师的激情感染学生，学生的激情又鼓励了教师，这样的一堂体育课怎么可能会死气沉沉？

比如，健美操学习中，在节奏感很强的音乐的带动下，老师引导学生完成作业，老师使用"一、二、抬头"或"五、六、好"的口令，简单的语言，恰当地运用口令和节拍提示动作要领，既可以使学生较快地掌握动作，又能活跃课堂气氛，激发学生的学习兴趣。

六、口令技能的构成要素

（一）口令结构

一般包括预令、中间停顿、动令三个部分。

预令是指动作的性质，即说明要做什么动作。预令的长短一般根据队伍的大小、练习场地、外部环境和学生的年龄情况等来决定。

中间停顿是指在下达动令前停顿合适的时间，下达口令时有一定的停顿，可以使学生对所发出的口令得以思索，并做出准备。

动令是命令动作的开始，它不决定动作的性质。动令要短促有力，洪亮干脆，要注意学生的情绪变化，不能使他们感觉仓促紧张，以至于举动失措。

例如，在队伍行进中的向后转，口令是"向后转——走"，因为预令"向后转"指明了改变行进的方向，动令在"走"，只是起到了命令向后转的开始作用，所以转向新方向后，仍按原步伐行进。

（二）口令用语

口令的内容及下达方式都必须有所规定，体育教师一定要注意用体育专业术语下达口令，不用日常口语来代替教学口令，以确保口令的权威性和严肃性。

（三）口令发声

发声部位主要是口腔、胸腔、腹腔。吸气有深度，胸腔全面扩大，无僵硬感。呼气保持原状，喊时气流顺畅。呼气后稍做调整，呼气时气流顺畅均匀，有节奏感，有明显的呼吸特征。声门关闭时，声带的长度、厚度和张力会随声响的强弱而变化；口微张，舌根、下颚、面部不紧绷，喉头平稳，但不用力；上颚稍向上抬，并会感到上部共鸣的作用。当口令这样发出时，才能感觉到全部发声器官的协调动作。

口令学习者应该了解发声器官的构造与发声的原理，正确认识这些器官在口令发声中的地位和作用，掌握口令发声器官的运动规律，以便在口令发出时能够有意识地组织这些器官的活动，运用自如。

（四）口令节奏

呼喊口令的过程是展示口令语义的过程，口令的发音节奏不同，其运用效果也就明显不同，在下达口令的时候，教师要注意预令和动令有明显的节奏，做到不疾不徐有适当的间歇，使学生可以在听到预令后有时间准备动作。口令的节奏变化，使口令成为振奋学生精神、鼓舞士气的重要手段。

掌握口令的节奏，与换气密切相关。换气的方法主要有三种：大换气、小换气、偷换气。

大换气：在休止的地方从容换气。有预令的应在预令和动令之间换气，如"向右——转"；无预令的口令应在口令下达后换气，如"立正""坐下"等；走（跑）步时，喊"一二一"则在休止时换气。

小换气：在顿挫的地方换气，也叫补气。如数字间的换气，即走或跑时喊的口号"1——2——3——4""123——4"等。

偷换气：用极短的时间偷偷地、不明显地换气，但换气时注意要快、要稳。如广播体操前一节至后一节间的换气或者8拍中间的换气。

（五）口令音量

口令的音量要保证所有同学都能听到，通常视队列的长度和人数而定。在发出口令时，老师不但要留意音量的大小，而且要留意音量的变化，通常有预命令、动命令的口令，开始的声音较低，接着从低到高，再由高到高，声调渐高，音量渐增。此外，老师在发出口令的时候，要强调和适当地使用主音，重点词要加大、加重，拖音要适当延长。比如，在"后"字中，"向后——转"的口令就会被强调出来。这种重音、增大音量，能突出口令的用意，增加学生对口令的关注和重视，从而使教学效果得到提高。

第七节　提问技能的提升

在课堂教学中，提问是实现教师与学生之间沟通最重要的、最直接的途径，它通过师生问答，激发学生兴趣、启发学生思维、了解学生状态，因材施教，巩固知识，实现教学目标。在体育教学中，如果说体育教师标准规范的动作示范和认真仔细的讲解是上好体育课的保证的话，那么恰当的、有效的提问则是让课堂质量更上一层楼的有效手段。提问并非只是理论课堂教学的专利，偏重实践教学的体育课同样需要提问，并且其作用也是举足轻重的。

一、提问技能的含义

提问技巧是教师在课堂上运用适当的提问形式，启发学生思考引导学生回答问题，并对回答做出适当的回应。教师在课堂上和学生之间的沟通，提高教师对知识的理解和掌握能力。

课堂提问是教师在教学活动中进行师生互动的一种重要的教学技巧，它贯穿于各种教学技巧的应用，同时也指导着各种教学技能，以达到教学目的。在体育教学中，教师要以学生的问题为切入点，以达到老师与学生的交流与理解的目的，并培养学生独立探索与创新的能力，从而推动体育教育的进一步深入。因此，提问技巧既是一种教学手段，也是一种教学艺术，被许多教育工作者认为是"教学的核心"。

二、提问技能提升的原则

（一）目的性与计划性

课堂上的问题是为教学服务的，那种单纯为了提问而问问题的做法是不值得提倡的。因此在教学中，教师要有明确的提问目的，把课堂提问设计列入备课计划中，作为教学活动的一个重要环节，并贯穿始终。课堂提问必须要有计划性，教师要精心设计，有的放矢地提问，以真正达到提问的目的。

（二）准确性与有效性

课堂提问既要把握提问内容的准确有效，又要注意提问语言的准确有效。内容的准确有效是指提问内容要从教学内容出发，紧扣教材重点、难点设疑，充分考虑学生的认知水平和技能程度。提问语言的准确和高效是教师在提问时所使用的语言要清楚、确切，力求做到简洁、恰当，让学生能够快速地理解问题的要害。在问问题的时候，教师的语言还要力求亲切、富有感情，以利于吸引学生的注意力。

（三）启发性与新颖性

提问要使学生具有质疑、解疑的思维过程，以达到提高思维能力的目的。因此，首先提问要带有启发性，要能激发学生的好奇心和求知欲，使学生积极探索、主动参与，通过设疑解惑，使学生从"现有水平"到"将来发展水平"转变。其次，提问要具有新颖性，要求教师提问不能老生常谈，力求做到形式新、内容新，使问题具有吸引力，激发学生的学习兴趣。

（四）全体性与层次性

体育教学的问题通常都是针对所有学生的，在题目的设定上要兼顾到一定的难度和范围，同时也要考虑到学生的认知能力，所以在设计问题时，要有足够的时间去分析和思考。在提问时，要注意抓住"面"。除此之外，提问还要注意把握问题的"跨度"。教师应根据不同层次的学生，设置不同层次的问题。提问要遵循循序渐进的原则，做到由易到难、由浅入深，层层渐进。

（五）实践性

体育是一门很有实践意义的课程。提出问题的目的在于加深对动作和技巧的理解。因此，在体育教学中，教师的发问应与学生的身体锻炼活动紧密联系在一起，而不能破坏体育课堂结构的严密与完整。只有注重与实际相结合的问题，才能使学生对知识和技能的理解更加深刻和扎实。

三、提问技能的功能

（一）集中注意力，激发兴趣

教师提问，实际上是给学生一个刺激，具有一定的定向作用，能让学员专注于每个动作的技术要点，并能创造出更好的效果，产生学习动作技能的自觉意向。此外，如果出现课堂纪律松散，部分学生注意力不集中、精力分散或对问题不感兴趣的现象时，有经验、有能力的体育老师是不会靠权威和管束的方法来维持课堂纪律的，而是通过艺术性的提问来吸引学生对教学内容的兴趣，使学生的注意力转向教学活动，从而达到维持教学秩序、保证教学顺利进行的目的。

教学实践表明，如果学生对某一运动技术一旦有了强烈的兴趣，他就会积极地、愉快地投入到学习中。同时也能取得良好的学习效果。而一个具有启发性或一定情景的问题，能有效地激发学生的求知欲望，增强学习的兴趣，"激其情，引其疑"。例如，在上标枪课时，当学生投不远、缺乏投掷兴趣时，教师可以通过提出一些由浅入深的问题加以引导。比如，为什么要助跑、引枪？标枪的出手角度是多少？为什么要做鞭打动作？风不大时，是顺风投得远还是逆风投得远？经过思考这些问题，学生会意识到标枪课中也存在丰富的知识，值得去学习探讨以诱发学生的求知欲，学生由"要我学"变为"我要学"，引导他们积极探索、乐意解疑。

（二）增强交流，获取反馈

师生交流频繁是体育课堂教学的显著特点之一，有效的师生交流在很大程度上影响着体育课的教学质量，而提问正是有效解决师生交流问题的重要方式之一。"教师提问—学生回答—教师反馈"这一过程中包含着大量的对话，师生在对话中加深了了解，融洽了关系，使师生处在平等、民主的课堂气氛中。尤其是在教师反馈环节，教师对学生的回答做出的回应，如肯定、表扬、鼓励等更是架起了师生间情感交流的桥梁。

此外，教师还可以通过提问，及时了解学生对所学动作技能的掌握情况，获取正面的教学反馈，对自己的教学成果进行更全面的评估，并据此调整相应的教学策略、教学进程，做到因材施教、有的放矢，提高体育课堂的教学质量。

（三）启发思维，提高能力

"思从疑始"，没有问题就没有认知的困惑，也就无法开启思维。首先，科学的提问对学生思维能力的提高具有重要作用，它是提高学生思维能力的主要方法。科学的提问能让学生在获得知识的同时，不断拓展思维，培养思维意识，提高思维品质，从而提高思维水平。

其次，提问是教师和学生之间的双向信息传递。老师提问时，要求学生思维敏捷，用清晰、准确、简洁的语言进行回答。通过反复"整理思维、组织语言、陈述答案"的教学，使学生在体育教学中应用所学到的科学文化知识，以科学的理论与方法解决体育教学中的问题，培养学生分析问题、解决问题的能力，提高学生的口语表达能力，以及养成善于回答问题的习惯。

四、提问技能的构成要素

提问的技巧是一个系统化的过程，包含了提问的框架、措辞、分布、候答、理答。在体育教学中，如果教师能够根据学生的能力与教学内容，有针对性地、恰当地运用这些因素，就能提高自身的提问技巧，进而促进教学。

（一）框架

体育教学中的问题要有前瞻性。也就是说，老师在发问前要精心设计问题，即老师在备课时要"备问题"，要精心地选择、设计与教学目的相关的问题，并按照教材的内容和学生的实际情况，将问题按顺序编排，由浅入深、由易到难，为学生提供一个持续的思维框架。

（二）措辞

措辞是指问题的语言要准确、清楚、简洁，要符合学生的思维发展程度和知识能力水平，以便于他们迅速做出回应。否则，学生在理解问题时会觉得非常吃力，也会觉得很困惑，甚至会出现混乱、误解，进而阻碍思维。

（三）分布

为了确保更多的学生参加，老师要把问题分配给所有学生，这样才能激励他们，使他们认识到，每个人都有责任去解决问题，而不只是一些特别的学生。向所有的学生提出问题，不但能让不同层次的学生参加，也能找出问题所在。特别是对于不喜欢回答的同学来说，这种强迫式的问题更是必不可少。同时，要了解学生不回答问题的原因、学生的背景、教学内容的特点等。

（四）候答

候答是指从教师发问到学生回答完问题的这段时间，包括停顿、倾听和提示三个部分。停顿即"期待时间"，这对于学生和教师都有一定的意义；倾听是指学生在回答问题时教师应认真倾听，不是随便听听而已，而是要真正听出学生所陈述的事实、所体验的情感、所持有的观点等；提示也就是为学生"铺路搭桥"，在教学内容和教学方法上给予指导，让他们的思维相对集中，帮助他们克服思维障碍，从而顺利地达到目标。

（五）理答

所谓"理答"就是老师根据学生的答案做出的回应。老师的回应对于学生的进一步参与有很大的影响。分析同学们的回答有以下几个方面：

1. 分析学生回答的正确程度

学生的回答可以是：完全是对的；基本上是对的；完全是错的；答案与预期的回答相差甚远。

2. 分析学生回答的思路和误答的原因

无论回答是否正确，我们都应该关注学生思维的变化。要找出学生在思维上的错误，从而找出他们在哪偏离预期的回答；也要分析为什么会偏离正确的方向，或者是忽视一些事情，或者是对一些东西的理解不够准确，或者是对题目的理解不够透彻，或者是判断和推理不符合逻辑。只要找到了问题的根源，就能采取相应的对策。

3. 分析个别学生的回答与全班大多数学生的理解是什么关系

这样的分析是为了兼顾所有学生。如果每个人都能正确地回答问题，那就说明大部分同学的理解能力都达到了这个程度；个别同学的回答有问题，要有针对性地解决，这个问题是否是班级里大部分同学面临的问题。只有了解了它们，我们才能采取相应的行动，否则，就会因为个人的问题而浪费所有人的时间，或者是忽视了所有人的存在。总之，要做到对所有人都有好处，对个别同学也不能漠视。

评价包括以下几个方面：

一是肯定，也就是学生的回答可以被接纳，老师要对其进行肯定。可以通过复述学生的回答来确定答案、转换学生的回答、总结回答、扩展回答、分析回答。除了老师的肯定，也可以动员同学，老师和学生一起确认。

二是有分寸的肯定或否定，并加以纠正。在对学生进行评价时，要坚持"表扬"为主，要有"鼓励"和"积极"的态度。即便回答是绝对的不正确，也要注意在一定程度上找到积极的成分，给予学生一定的肯定。教师对评价工作的热情与不偏不倚，是探讨能否深入进行的一个重要保障。

五、体育课堂提问的常见错误及注意事项

在现代体育教学中，课堂提问被广泛采用。体育课堂提问因其自身的特殊性，与其他课堂的提问在形式上存在差异，具体体现在以下四个方面：

第一，在体育教学中，学生提出的问题多为短语。

第二，在体育教学中，提问不能占用过多的讨论时间。

第三，在运动教学中，开展体能训练时往往会产生不同的问题。

第四，在运动教学中，问答往往是在练习与讲解中进行的，而在开头和结尾环节则更为突出。

（一）体育课堂提问的常见错误

在体育教学中，虽然很多体育教师很注重运用课堂提问来提高教学质量，但很显然，问题"浅显"，例如，"老师做得怎么样""这个学生做得怎么样"这类提问几乎没有任何教学意义，反而会有相反的教学效果。总的来说，提问中常见的错误有以下几种：

1. 提问缺乏针对性

有些老师在课前不认真研究课本，没有针对学生的实际问题提出问题，上课时，往往是随口胡诌。这些随意性的问题有的太过简单，学生根本不需要思考，就能随机应变地做出回答，老师们通常会采用"单一"的方法，例如"是不是""对不对""是什么"等，这样做只能培养学生的判断力和记忆力，而无法培养学生的发散性思维，无法有效地激发学生的思维。

2. 提问语言不足

不知所云，常常出现答非所问的现象。老师的问题总是含糊其词，结结巴巴地重复，没有条理，让人摸不着头脑。还有些教师将提问当作一种"惩罚"手段，使用命令和强制的语言往往会让学生感到压力，甚至有逆反心理，不利于学生积极主动地参与解疑过程。因此，教师在设计问题时，必须注重提问语言，做到措辞精练、言语亲和。

3. 问题设置过难

题目的设定要兼顾到一定的困难与广度，同时也要考虑到学生对知识的理解程度。当老师的问题太过高深时，学生无法回答，教室里陷入一片死寂，老师不是指责就是自己回答，这种问题不仅浪费了老师的时间，还会影响到学生的学习热情。

4. 问题分配不恰当

在课堂上，老师经常会向固定几个学生提出很多问题，而不会向其他学生提出问题，老师也会向他喜欢的学生提问，甚至会向教室里的某个学生提问，比如坐在前面的人。老师们最常见的一种方式就是将大部分问题都交给那些成绩好的同学，因为他们的回答往往能让老师们更满意。教师们的这种不合理的分配，造成了课堂上的不均衡，一些同学被老师过分关注，而其他同学则被忽略。

5."期待时间"不足

大量的调查显示，大部分的老师在提问时都没有停顿，这主要是因为：一方面，老师没有给他们足够的时间去思考，如果他们回答不出来，老师就会把问题重复一遍，或者让其他同学来回答；另一方面，在学生做完题后，大部分老师会马上对学生所给的答案做出反应，然后才会提出问题，或由其他学生来做回答。这样缺乏预期的时间既不利于学生的思维发展，又使他们丧失了自己的思维能力。

6.评价不恰当

在提问过程中，教师的及时评价是非常重要的，然而做好这一点并不容易。有些教师不善于从多方面给出正确的反应，缺乏思维的导向，习惯用"好""不错"等来表示同意学生的回答，因为简单的肯定和否定会让问题变得没有意义。另外，教师对语言教学的评价不当也体现在对语言教学的把握能力上，对学生的评价存在肯定、否定、不全面等问题从而影响到学生的学习热情和情绪。

（二）运用体育课堂提问技能的注意事项

针对以上常见错误，教师在运用提问技能时应注意以下方面：

（1）认真地预设重点，使教师对教材和学生的学习进行深入研究，突出重点、难点、关键点，提高问题的目的性和针对性。

（2）注意提问语言是否准确、高效、用词精练、言语亲切，避免由于难以理解而影响提问目的。

（3）要有恰当的问题，既要针对不同能力层次的学生提出不同层次的问题，又要让所有学生都参加，并按难度、梯度进行合理安排，形成一个简洁、合理的问题结构。

（4）全面的问题分布，教师应有意识地将问题在全体学生中分布，让更多的学生参与提问过程，使人人都有回答的机会和责任。

（5）合理的期待时间，教师在提问后要留给学生充足思考的时间，让学生认真思考、解答。

（6）适时、适当地进行评价，把握学生注意力集中、思维活跃的机会，加强学生的正确认知，及时纠正错误，激发学生思维的深度发展。

第五章

有效体育教学

第一节　有效体育教学简介

一、有效教学的内涵

有效的教学是什么？"有效"是相较于"效率低下、无效率"而言的。"有效"是指经过一段时间的教学，学生在课堂上取得特定的进步和发展。也就是说，教学是否有效益，只看学生是否有进步或发展。教学是否有效益，不在于老师教的内容是否完成，也不在于老师是否用心，而在于学生是否学到了东西，或者是否学得好。如果学生不愿意学习或学习没有效益，老师教得再努力也是徒劳。同样，如果一个人努力学习，却没有得到相应的发展，那他接受的就是一个效率低下的教育。

有效的教学不仅要符合教学的客观规律，而且要依据学生的不断进步和发展。为此，有学者认为，教学要有效果、有效率、有效益。"有效果"是指教学活动的成果和预期的教学目的高度一致，以学生为中心，即在进行了一系列教学活动之后，学生们确实能够达到自己所期望的学习目的，从而使教学取得良好的效果。因此，测试学生的学习成绩是衡量教师教学成效的一个重要手段。"有效率"指的是教学投入与产出的比率，"有效率"并不是指老师在一段时间里教授给学生的知识数量，而是看学生在同一时期所掌握的知识和技能，这与"用最少的时间、教授最多的内容"的教学方式是不一样的。例如，在实际教学中，老师在同样的时间里加速教学，将更多的知识传授给学生，这并不能被视为"有效率"。"有效益"是教师与学生在教学活动中得到期望的回报，以及在教学活动中实现的价值，即教学活动既要推动学生的发展，又要促进教师自身的发展，例如，增加专业知识，提升教学技术和教师的专业素质。因此，高效教学是一种"效果""效率"和"效益"相结合的教育思想。如果课堂上仅注重教学的效果与效益，而忽略了效率，则会造成教学效率低下；相反，如果在课堂上一味地强调效率而忽视了效果与效益，那么，它的效果就不会很好，甚至会导致低效教学。

比如，老师在课堂上从头到尾"满堂灌"，让学生没有机会参与和自主学习，一节课可以讲好多节课的内容，有些老师觉得这是一种有效的教学方式。但实际情况并非如此，因为学生只能被动地接受，无法真正地投入到学习中，以至于丧失了学习的兴趣，乃至产生厌学情绪。这种教学效果不仅没有体现出效率，而且效果也很差。所以，高速的教学并不能保证有效的教学，但是有效的教学必然会带来较高的效率。有效的教学就是要在最少的时间、精力和物力的投入下，最大限度地提高教学效率，达到预期的教学目的。

二、有效教学的意义

通过对新课程改革的深入探讨，指出了新课程改革实施过程中所面临的新问题与挑战，并对其成因进行分析，寻求行之有效的策略。

（一）有助于教学观念的更新

传统的"课堂教学"是指由知识渊博的老师将知识传授给尚未发育成熟的学生的一种教学方式。教学的成功与失败，有赖于老师的教学方法及学生自身的能力。有效的教学能促进学生的成长和发展，而提高学生的学习能力和教师的专业水平则是必要的先决条件。我们在研究课堂教学时，既要掌握教师的教育作用，又要掌握师生互动、课堂、学校、社会等诸多方面的影响。对有效教学进行研究，可以使教师实现从"知识传授"到"知识建型"的转变。

（二）有助于促进课堂教学的转型

建构论把学习的过程看作学习者对知识的积极建构。学习活动并不是老师简单地将知识传授给学生，也不是被动地接受信息，而是学生在与外部环境的交互作用下，以积极的方式产生信息的过程。有效的教育不是把知识传授给学生，而是要引导他们去学习，让他们建立起自己的知识系统，让他们在这个过程中学会一些知识和技巧，从而达到身体和心理上的发展，达到某种程度的运动素质。通过对体育课程高效教学的探讨，可以使"教的课堂"真正地转化为"学的课堂"。

（三）有助于教师角色的转变

在以往的课堂教学中，老师总是充当"传授知识"的角色。在课堂教学中，教师注重传授知识，注重讲授、谈话等，而学生则是被动地接受，很少有机会参与课堂教学。在教学中，学生只是一个辅助的角色，教师与学生之间缺乏互动和交流。老师不能提供所有的知识，也不能包办一切，但是要做到让学生轻松地学习，并注意到每个人的不同。教师从纯粹的技术技能转变为"反思式教学"。对有效教学的探讨，使教师实现了从知识的"传授者"到"参与者"的角色转换。在教学中，教师与学生之间的关系更加密切，有利于师生关系的平等、民主、和谐。

（四）有助于改变教学的低效和无效

长期以来，我国体育教学中存在效率低下、无效率等问题。有效的教学思想是我们探讨课堂教学效益的有效方法。课堂教学的效果并非自然产生，而是自觉地创造。尽管我们很难创造一个被认可的最高效的课堂，但是，每个人都能在自己的环境中创造出一个相对高效的课堂。对有效教学的探讨对提高体育教学效果具有一定的借鉴作用，对提高体育教学效果具有一定的指导作用，对提高体育教学质量、改变教学方法、改进教学过程具有重要意义。

三、有效体育教学的理念

（一）关注学生的全面进步和发展

学生的成长与发展是体育教育的最终目的，有效体育教学对学生的全面发展和最大幅度进步的这种追求对体育教师提出了新的要求。在实际体育课堂教学中，教师应注重预设性和生成性，要同时关注教学结果和关注教学过程和方法，还要关注学生知识的获得和能力的提升以及积极情感、态度和价值观的形成，以达到"知识和能力、方法和过程、情感态度和价值"的综合发展。要实现这些目标，体育教师需要在自身意识方面进行提升。

首先，有效体育教学要求真正确立学生的主体地位和中心地位。体育教学是师生互动的过程，离开"学"，就无所谓"教"。因此，体育教师要有"主体"意识和"对象"意识。教师必须一切为了学生的发展，如果学生没有获得发展，那么即使教师工作再累、付出再多，也是不具现实意义的。

其次，体育教育的有效性需要教师对学生进行"全人"教育。学生的发展是全方位的、平衡的，包括体能、技能、身体素质、社会适应能力、心理健康等各方面的发展，还包括体育知识、健身知识、健康知识、人文知识、科学知识等"全面开花"，而不是单一的发展。传统的体育教育注重对学生的运动技术、技能、身体素质和体能的提高，而对学习态度、情感、心理等方面的提高相对较少；而新的体育与健康新课程中的学习目标，即运动参与、运动技能、身体健康、心理健康和社会适应五个"齐头并进"的目标。体育教学应以人的全面发展为核心，以人的全面发展为目的。教师要有广阔的视野，对自己所教授的学科的价值进行准确的评价和衡量，将学科的价值定位为跨学科的多学科，并将其定位为促进人才的全面发展。尤其是在新课标的改革思想的影响下，教师在教学中除了重视学生的知识和技巧之外，还重视学生的情感、态度、意志等非智力因素，促进学生全面发展。

有效的体育教育应该激发学生的主体性。教育的效果要从积极的心理出发，体现在对学生自我主体意识的唤醒上。正如苏霍姆林斯基所说的"最好的教育是自我教育"和第斯多惠所说的"教育的艺术不在于传授的本领，而在于激励、唤醒和鼓舞"。教学的效益应体现在促进学生的自我教育上，特别是随着课程改革的进行，新课标的理念对体育教师的教学行为产生了重要影响，对体育教师的理念和指导思想提出了新的、更高的要求。在教学中尊重学生，关心学生，注重教学情境的创设，更好地激发学生的学习兴趣和转变学生的学习方式已经成为新的要求。

（二）以促进学生学习为宗旨

任何教学活动都有一定的目的，"教"的最终目的是"不教"，是为了学生能够学会学习。教学活动的中心应在于如何使学生的学习得到提高和进步，怎样培养学生的综合素质。

有效的体育教学是一整套的教学策略，目的在于促进学生练习，达到教学目的。"教"是为学生"学"，使学生乐学、会学，在体能、技能、身体素质等方面打下坚实的基础。体育教育的有效性和成效，都要从学生身上得到反映。教师要使学生在体育文化知识、体育意识、体育习惯、体育能力、心理素质、社会适应能力等方面得到持续的学习和提高。教师要想达到教学目的，必须以学生为主体。从根本上讲，高效的体育教学就是追求高质量的教学，而教师要把高质量的教育作为自己的生命线，追求高品质的结果和高品质的过程，把提高学生的学习能力作为自己的目标。

（三）体育教师应具备效益意识

体育教学效益是指体育活动所带来的收益，它不仅要能产生效果，而且要能让学生产生变化，要达到与教学目的相适应、符合社会和个体教育需要的目的。新课程的目标是培养学生健康的身心和良好的身体素质，这是现代社会对人才的需求。要达到这一目的，体育教育就必须以获得更好的教育效果为目的。

体育教学要想达到以上效果，就必须合理安排和有序进行体育教学，而这一点的关键在于教师要具有"效益"意识。从辩证唯物主义的观点来看，意识是一种能动的行为，它有两种不同的表现形式：一是正确的思想可以引导人们采取正确的行为，使事情朝着好的方向发展；错误的思维会使人误入歧途，从而妨碍事情的发展。只有具有良好的收益意识的体育教师，才能在体育教学中时时用这种自觉激励自己的教学行为、反省自己的教学活动、反思自己的教学业绩、不断总结自己的教学经验，逐步提高体育教育的成效和效益。

（四）体育教师应具备反思意识

体育教师的教学反思对其职业发展起着举足轻重的作用。教师通过持续的反思和探究，提高了自己的专业素质和教育教学能力。在实施新课标的同时，也是体育教师反思的过程。在体育教学中，教师要养成自觉的反思意识及"反省"的习惯，这是提高体育教学质量的重要保障。

体育教学是学校体育教学改革的一项重要内容。有效的体育教育必须是一种反思性的实践，需要教师不断反省和探究。长期以来，我国的体育教师存在较为欠缺的理性和反省的心态。苏格拉底说："未经反省过的人生是不值得过的。"在"一切为学生"的有效的教学实践中，教师要有清醒的自我意识。尤其是新课改后，新课改中的教育理念和价值观需要教师认真学习、理解和应用于体育教学，从而发现问题、分析问题、解决问题。在开发课程资源方面，体育教师是否能够从"经验教学"走向"反思教学"，是否能够从"经验教师"走向"反思型教师"。然而，实际上，一些已有的思想（认识）却深植于经验、习惯、先例、意见中，其行为方式的形成和建立往往受到某种"先在"思想（或知识）的引导和影响，因此，体育教师的行为方式往往会被视为习惯或必然。体育教师不愿意对自身的教学能力进行反思，不愿意对自己的教学实践进行理性、科学的思考，那么，在实践中就会出现思想上的迟滞、行为上的落后，降低实践的合理性。

反思源于对传统观念引导下的实践的困惑与迷茫。单纯地注重改进体育教师的一些不良教学行为，往往难以达到思想和认识的层次，动摇其内在的思想基础。所以，必须加强体育教师的反省意识，重视改造和更新旧的思想，改进一些不合时宜的习惯，这样才能起到很大的作用。体育教师要想持续有效地实施新的课程观，必须要有"反思设计"意识、习惯和能力，才能真正有效地实施新的课程观。

　　具体而言，体育教师的反思主要有：教学主体的合理性、教学工具的合理性、教学目标的合理性；反思的时间包括课前、课中和课后；反思的步骤包括明确问题、收集资料、分析资料、构建理论假设、实施行动等；反思的方法包括课后小结、写反思日记、观摩与分析、行动研究等。教师只有不断增强反思意识，才能逐步积累教学经验，达到体育教学的最佳效果。

第二节 有效体育教学的特征

有效体育教学的特点是指在体育教学中，其特有的征象和标志，即"高效"与"低效"的区别。当然，这其中也包括了其与优质课教学的区别。有效体育教学的特征最符合有效体育教学含义，是实现有效体育教学目标的象征。

一、充分的教学准备

教学准备是教师在课堂上解决问题、处理问题的一种表现形式，即教师在制订教学计划（例如，教案）时的一个动态的过程。充分的准备是老师为了保证一节课的顺利进行而精心安排的一项教学活动。

第一，教师对教学内容进行了仔细的研究，对教学中的重点和难点了如指掌，才能制定出一套合理的教学方案，并按计划进行教学；第二，在教学之前，教师要充分考虑到学生的体育基础、运动基础、家庭背景、体能、身体素质、学习需要等因素，才能更有针对性地激发他们的学习兴趣，满足他们的学习需要，激发他们的学习动机，并选择适合的、针对性强的，体现区别对待原则的教学方法；第三，教师制定了一套合理的教学方案，从整体上考虑了教学环境、教学流程，可以最大限度地降低教学的盲目性，提高教学的针对性，培养学生的自信心，从而提高自己的教学效率；第四，如果老师能够充分地估计和预见教学之外的突发事件，并制定出相应的方式和对策，那么，就可以在一定程度上减少课堂上时间的浪费，确保教学按原来的进度

进行。充足的准备工作包含下列要素：

（一）制定清晰合理的教学目标

巴班斯基相信，制定合适的教学目的或任务是使教学达到最佳化的首要工作。制定明确的体育教学目标，是实现体育教学目标的重要环节，也是顺利完成体育教学任务的重要环节。在体育教学有效性标准中，教学目标居于中心地位，具有领导全局的作用。在国内外有关教育效果的文献中，大多数文献都将教学目标置于第一位。教学目的就是指教学的指针，任何在课堂上进行的活动都是以达到目的为目的的，缺少了教学目的，就会导致教学效果的盲目和低效。新课标下的体育教学目标必须包含价值性，是否符合学生需要，能否真正促进学生的发展。如果让学生在学校里学习的东西对他们的生活和社会没有任何价值，对他们个人和整个社会都是有害的，那么教育就没有任何意义了。

体育教学目标与实际需求不符，会把体育课转变为"表演课"。在公共课中，为了获得好"成绩"，体育老师不顾学生需要，在课堂上讲授就是一个很典型的例子。因此，在制定教学目标时，要从学生的适应能力出发。新的课程标准要求教师在教学中所选择的教学目标应该是有利于学生自身发展的。

体育教学目的的界定和表述清楚、可操作性强，其内涵至少包括三个层面。第一，在教学内容方面，要体现身体、心理和社会适应的三维健康观念，同时要体现体育课程的特色，体现体育与健康课程与其他文化课程的区别。体育与健康课程是一门以身体练习为主要手段的学科课程，它的主要教学目标应是掌握体育运动技能、发展体能、增进学生身体健康，而"提高心理健康水平"和"增强社会适应能力"当属次要目标。第二，从可操作性上讲，教学目标要结合学生的实际情况，体现可操作性（教学目标的表达要尽可能地贴近学生的行为，让他们能够理解、观察、言传、训练）和可评价性（学生能够自评、互评，也便于教师评价）。第三，从表达方式上，明确体育教学的目标用语要准确、明白、清晰、明了、简单易懂，不能模棱两可、

模糊不清，这样才能使学生更好地理解和运用。

（二）因地制宜地选取教学材料

有效的体育教育可以从"大体育"的视角和视野中选择教材，包括所需要的教学设备。首先，凡是有利于体育教学目的的内容和易于获得或经过一定的努力就能得到的教学资料，均可作为体育教学的教材。教材的选用不仅要考虑教师自身的兴趣，还要注重学生的发展，培养学生的终身体育意识，提高学生的体育文化素质。教师可以根据教学目的，精选、优选和必要地改造已有的体育项目。其次，根据学校的教学目标和当地及本校的具体情况，合理选择一些新的体育项目。当然，由于我国的体育历史悠久，随着社会的进步和发展，各民族之间的交流日益加深，民族体育的相互融合与借鉴已经成为必然。各地区可结合教学目的，结合民族体育，发挥民族体育的魅力，发展传统体育项目，如踢毽子、跳绳、滚铁环、珠球、跳皮筋、陀螺等。

（三）充分了解学生的初始特征

对学生的个性、体能、技能、体育和健康知识的基本状况进行较为全面的认识，从学生的实际出发，充分发挥学生的主动性、积极性和自觉性，是开展体育教学的重要依据。在进行体育教学前，要充分认识学生的基本特点：第一是对体育基础知识、技术、技能、体育课程知识的掌握，以及对教学内容的理解和掌握；第二，对体育学习动机、体育学习态度、体育兴趣、体育教师的态度等的了解。另外，要了解学生掌握运动的一般规律，掌握运动技能、提高体能、提高身体素质的基本法则，了解学习什么、练习什么、如何学、如何练等问题。

所谓"充分准备"，就是体育教师要有较强的教学设计能力，以保证一节体育课（或单元教学）的有序进行。体育教学设计要做到"设计内容"和"设计学生"两个方面。"设计内容"是指在深入学习和掌握体育教学内容的前提下，通过对教学内容的深入理解，明确教学目的、目标、重点和难点，规划实施教学的组织形式，包括体育教学内容结构的设计、教学方法的适应、师生互动、突发情况的应对等。高效率的体育老师在教学前要花很多

时间，而一堂课的准备时间可以是课堂上的数倍。

当然，在一定意义上，教学设计更多地属于"设计学生"。由于体育课程的教学内容较为固定，尤其是具有丰富的教学实践经验的老师，其在体育课程中的应用也较为熟练。然而，由于学生的组成具有很大的差异性和独特性，其思想具有时代性，因此，体育教师不能用传统的思维去看待他们，也不能用"预设"的方式去看待他们，而应该以动态的、生成的视角去看待他们。因此，在教学设计中，"设计学生"的作用更为突出。在进行体育教育的过程中，应充分考虑到学生的实际体能、技能、身体素质、体育与健康知识水平、心理状态、兴趣、体育态度等。

（四）认真准备教学用具

从课程资源的开发出发，教学工具的编制也属于课程开发的范畴。教师备课是为了更好地开展体育教学，更好地展示教学内容，营造一个较好的教学环境，有利于学生了解体育的内容，掌握体育知识、技术、技能，从而促进学生的发展，从而达到促进体育活动的效果。

在教学中，教学用具占有举足轻重的地位，夸美纽斯强调不要只用形式或符号，而要通过感官知觉，鼓励教师要用实事实物或用接近于儿童的观念去教育学生。裴斯泰洛齐则更倡导直观教学法，强调儿童在学习中获得对实物的感官印象。

在体育课中，教学用具的准备起码包括两层含义：第一，必要的体育场地器材，如运动场、体育馆、球、跳绳、体操垫、各种球类等和体育课直接相关的器材的准备，这是让学生从事运动技能学习，参与练习和实践的必备工具；第二，教师的教学媒介，如多媒体设备、挂图等，这是体育教师教学的中介物，是连接师生体育知识交流的"桥梁"之一。如果这些方面准备得充分、有序，上课时才不会匆促马虎，或蜻蜓点水般地走过场，能够提高体育教学的整体效率。

二、恰当的教学内容

（一）教学内容简介

教学内容是指学校为达到教育目的而设置的教学学科和教学范围，或者说教学大纲、教材知识，是发展学生智力、心理机能的重要基础。一般而言，教育效果的好坏，既要看内容是否正确、是否丰富、需要多久，还要看有效的知识量。第一，知识的增长依赖于知识的有效数量。教学的首要任务就是让学生掌握基本的教学方法、系统的知识，但是教师的教学内容（知识）与学生的知识增长量并不完全相同。也就是说，总的教学内容并不一定与学生的知识增长相对应。第二，有效的知识是决定学生智力发展的关键因素。教育的首要任务是发展，知识不是智慧，教育是知识的转移。并非每个人的全部知识都有相同的迁移性，只有那些内化的、熟练的、经过合理编码的知识才是可迁移的，这种知识被称作个体的知识总量的有效知识，是智慧的标志。教学目标可以使学生的学习达到一个特定的层次，但是在很短的时间内，教太多的东西也会使学生的学习能力下降。

从知识本身的属性讲，知识是人的智慧活动的物化，是客观存在的，其内部蕴藏一定的智慧含量。但并非所有知识都具有同等的智慧含量，不同知识中的智慧含量也不一样。那么，哪些知识中的智慧含量高，迁移性强？按照心理学的研究结果，某种知识的共性越强，普适性越强、越抽象，其迁移性就越强。而基本知识是概括力最强、最抽象、最有普遍意义的知识，所以最能产生迁移效果。

体育教育内容是体育健康教育的基础知识，也是一种可以反复进行、交叉组合的身体锻炼的活动。在体育教学中，要根据学生的具体情况，选择不同的体育课程，以提高学生的学习兴趣，达到良好的教学效果。体育教学内容的科学性，不仅要体现在体育教学中能够为学生的身心健康提供有效的保障，也要体现在对学生的体育锻炼能力的培养上。我国很多体育教学文献或文件中把教学内容的科学性看作体育教学效果的决定因素之一，如"体育

教学内容的编选要遵循科学性、思想性、适用性、娱乐性、民族性等基本要求"。体育课程的科学性在于它的内涵是丰富的，它包含人体科学、锻炼科学、训练科学原理、人文社会科学原理等。教材编写与教学要遵循相关的科学规律和教学原则。

体育课程的客观性、科学性与教学成效之间没有必然的关系，也就是说，体育课程的科学性和客观性是不能保证的。比如，教小学生跳绳、立定跳远、老鹰抓小鸡，等等。

能很好地促进学生运动参与、技能掌握，增进健康和心理水平、提高社会适应能力等效果的，学生能真真切切受益的，能促进发展的内容量，笔者姑且谓之为体育教学中的"有效内容量"。

（二）确定教学内容的方法

1. 把握好教学的难度

体育教学难点是实现体育教学目标难简易程度，是影响体育教学质量的重要因素。维果茨基的最新发展区域理论认为，如果教学内容比学生当前的发展程度或发展速度稍高，则是最有效的。如果大部分学生在一定程度上（并非完全不努力）就能顺利地完成，那么，其教学难度就会适当；如果大部分学生在付出了很大的努力后仍无法完成学业则属于难度教学。

通过对体育教学内容的分析得出结论：学生厌学的一个重要原因是学校体育课程的内容编排存在问题。长久以来，一整套的竞赛项目、规则和方法，对学校的体育和课外活动进行了严格的管理，这些规则严格、技术含量高的项目，会让好动的学生望而却步，积极参与的学生只会减少，不会增加。同样，让小学生学标枪，让大学生学立定跳远，这是"没有错"的，但对于学生来说，这并不是一个好的选择。因此，老师要教给学生一些新的、难的东西，甚至是老的东西，也要持续提升或是提高身体素质，让每个老师都能在原来的基础上有所进步，而非原地踏步。

因此，有效的体育教育需要教师全面把握学生目前的发展情况，确定教学起点。在确定教学目标时，要充分考虑学生的"最近发展区域"，使学生

"一蹦就能摘下一颗桃子"，而不是"跳得再高都不能摘到桃子"。

2. 掌握好教学内容的量

体育课程作为一种中介，是师生之间的纽带，是一种客观存在。教学内容之多，即其内涵之广。在教学内容上，学生的体能、技能、体质的提高，以及学生的社会适应性等方面存在差异。从教学效果的观点来看，体育教育的内容可以分为"有效"与"无效"两类（其中"有效"与"无效"的内容主要体现在学生对教学内容的价值感知和判断上，是一种主观性的）。

体育教育的有效内容通常是指体育知识、技能、素质等方面能够切实地影响到学生，使学生真正了解和掌握体育知识、技能、素质等。体育教学可以提高学生的身体素质、心理素质、社会适应能力和运动技能水平，但要看具体的内容和方法。我们经常听到同学说："学生爱运动，却不爱体育课。"造成这种现象的原因有很多，但有一种可能是因为教学内容的选取，或者是因为课堂上的有效内容太少。

因此，要想提高体育教学效果，不仅要保证教学内容的科学性和丰富性，还必须提高体育教学的有效性。

3. 处理好教学内容的量和难度的关系

具有一定难度的教学内容能有效地提高学生对体育活动的兴趣和参与的积极性，并能让他们在体育活动中产生积极的学习情绪。现代心理学的研究显示，知识的困难程度要比学生的接受程度略高，教学才具有吸引力。克伯屈曾经说："读书过于简单，是一种危险。"如果没有足够的压力，学生就会失去学习的兴趣，很容易分心，从而导致意外的发生；如果太难，超出了学生的实际能力，那么，就会使学生望而却步，不能享受运动的乐趣。从体育教育的实际情况来看，有的时候由于认识上的因素，往往与课本中的内容过多或过少、难度过小或过大、不能满足自己的体育欲望等因素有关。

首先，学生们完全熟悉、太容易掌握、太容易学到的知识（用一些同学的说法，这是"小儿科"，比如高中生们在玩"老鹰捉小鸡"），不能引起他们的积极思考，也不能激起他们的体育热情。当然，如果是比较难的，

或者根本不可能掌握的东西，就很难引起人们的兴趣，比如初中生的铅球训练。学生感兴趣的，能让他们主动去学习的，都是一些"新颖"的、有一定难度的课程，这些课程都是他们现在还不会的，但只要花点时间就能学会。因此，在教学内容的选取上应该具有一定的难度。

其次，学生体能、运动技能和身体素质等方面的发展，需要一定的运动负荷的刺激，包括适当的运动量和运动强度。当然，适当的运动负荷的安排也和教学内容的难度的安排有关系。适当的运动负荷、有适当难度的教学内容能够给学生以积极的刺激，提高教学效果。

最后，教学内容存在一定的难度，会导致学生已学到的知识与所学新知识处于对立统一的矛盾中，从而激发学生的学习积极性和热情度。体育教学内容的价值（包括身体、心理和社会适应性），除了与教学内容的数量有关，还与其质量有关。体育教学要有新的刺激，如难度、量度、足够的运动量。教师应适当调整教学内容，以适应学生发展的需要，使其更贴近学生的发展区域。

中国学校体育研究会关于"优秀中小学体育课基本标准"第三条指出："教学内容的选择，符合学生的身心特点和发展需要……"，特别是"主要教材具有适宜的技术难度……"根据毛振明教授的研究结果，"适宜的技术难度"应有以下特征：在教学效果方面，经过教学双方的努力后，绝大多数学生学会该技术；在教学时间方面，把单元的教学时间和课的主要部分时间充分用足且恰好够用；在教师的课前准备方面，教师应用心地备课；教师的课堂行为方面，教师应精讲多练，要有必要的分组；在学生的练习状态方面，学生认真学习，努力思考。否则，即技术难度不适宜。

为了科学地选择教学内容，合理确定教学内容的量，要掌握好教学难度，至少要做到以下几点：第一，对学生目前的发展水平有一定的认识，其中包括运动能力背景、身体素质水平；第二，对学生的身心发展特点有全面细致的了解；第三，熟悉教材的内容以及教学要达到的目标；第四，有较强的教学能力，能够针对不同层次的学生因材施教，呈现恰当的教学内容，不断提高体育教学的质量。

三、科学的教学过程

教学过程，即在教师的有计划的引导下，学生有计划地、有目的地学习和掌握文化科学的基本技能，发展能力，增强体质，形成某种道德品质的过程。体育课程是指在体育教学中，通过对体育活动的组织和系统地引导学生进行积极、主动地学习体育知识以及掌握运动技术和技能、提高心理素质和社会适应性等方面的活动。体育教育不仅要让学生具备一定的体育科学知识和技术技能，而且要在进行身体锻炼的同时，还要发展身体、增强体质、提高心理素质、提高社会适应性。体育课程具有开放性的教学环境、重复性的运动技能学习、身心负荷的双重性、人际关系的多向性以及综合的教学效果。这些特点决定了在体育教学中，教师除了遵循一般的认知规律和学生的生理、心理特点外，还应遵循动作技能形成的规律、人体机能活动的规律、人际交往的原则。

为了改善体育教学的效果，应从多方面综合考虑影响体育教学效果的各个方面，以达到"总体大于局部"的目的。通过对体育教学的大量实践，可以得出影响体育教学过程和体育教学成效的主要因素有：教师、学生、教材、媒介手段、环境、评价等。在这些因素中，体育教师是教育的主导者，同时也是学校的管理者；在体育教学中，学生是主体，是教育的客体，是接受信息的人；体育教材是体育教学的基础，也是一种锻炼身体的有效途径；媒体传播的主要功能是传播信息，促进学生的学习；评价能够反映体育教学的实际效果，使师生了解教学活动的成果，评价、预测学生的未来发展，并为教师选择教学策略、手段、方法提供参考，从而指导教学目标计划、实施手段方法、评价方法、评价程序，保证体育教学沿着目标方向发展；环境一般是指体育教学活动的客观环境和人文环境。不管是客观上的，抑或是被老师操控的，都是对整个教学过程的支持，并对学生的学习行为和学习成果产生直接影响。有效的体育教学强调了这些要素的综合作用。

　　教学过程是一种特定的人的活动，本质上是由教师组织和引导学生对教学内容进行积极的指导。教学活动是学生获得信息、锻炼、提高多方面能力、形成某种思想观念的主要途径。在整个教学过程中，教师的职责是引导和组织。在教学过程中，学生主要是学习知识和学习行为，在老师的指导和训练下，他们才能更好地完成学业。教师的主导作用和学生主体作用的有机统一，教师的主导作用不可忽略。现代教育学理论认为，多方位沟通注重更好地利用交互的潜力，师生、学生间等多方面的交互，构成了一张立体的、多层次的信息交互网络，能够有效地激发学生的学习热情，增强学生的参与感。因此，教学与学习之间存在着一种交互的关系。教师和学生在教学过程中的相互影响，使教师的教学活动从单纯的传授知识转变为学生主动、创造性地参与。

　　教学准备是一堂好课的先决条件，而教学组织则是把准备工作落实到实践中去。科学的教学组织能够保证教学内容、教学活动、教学策略、教学秩序等方面的科学性，尤其是教师的教学活动的合理安排，是教师教学技巧、教学机制、对体育教学的总体把握和控制能力的重要方面。体育教学的过程看上去很简单，但实际上很复杂，它的教学内容非常丰富，而且教师要完成的任务也是多方面的。所以，要有一个科学的教学机构。尤其是由于不同地区、不同层次、不同的教育目的、不同的教育背景、不同的教育环境等因素，因此，在组织教学的过程中，必须要有适应性、多样化的特点，而单纯的教学方式既会掩盖其复杂性，又无法体现其内在规律，从而使其无法达到预期的效果。

　　体育课程的科学性主要表现在七个方面：第一，根据课程安排或对教材内容进行灵活处理，有条不紊地安排教学与学习活动。第二，在体育教学中合理安排师生的时间。教师的时间包含了老师讲解、示范、纠错、巡回指导、评价等的时间；在适当的范围内安排老师和学生的时间（后面的章节会详细讨论）。第三，要把注意力集中在教学内容上，最大限度地降低学生的注意力分散。第四，对学生提出的问题进行及时解答。第五，在课堂上应付突发事件或突发状况。第六，课堂管理有序，协调有序。第七，选择不同的教学组织方式。根据教学环境、教学目标、教学内容、学生情况和教学设施等的具体情况，选择不同的教学组织形式和内容服务方式，采取班级制、分组制、合班制、模块化等方式。

体育教学应灵活多样，适应需要，反对传统、僵化、统一、封闭。在体育教学中，教师要有提问、有对话、有沉思、有争议、有笑声和汗水、有高潮。教师应根据学生特点，使教学有速度、有量度、有强度，教学安排有节奏、有弹性、有人性。在教学过程中，教师可以采取游戏法、比赛法、分组轮换或分组不轮换等方式，充分利用场地设备，让课堂气氛活跃、热烈，提高学生的学习兴趣。

第三节　有效体育教学的影响因素

一、教师因素

（一）体育教师的教学观念

观念是思想认识，属于主观意识的范畴，是社会主体在实践中产生的对客观事物本体或本原的认知方式，如哲学的唯物观、唯物史观。教育理念是指对教育主体、对象、过程的本质或本源的洞察或理解，也是教师在教学中追求的理想目的和原因。教师的教学观念对其教学效果有内在影响，有什么样的内在教学观念就有相应的外显教学行为。目前正在进行的体育课程改革以及体育教学改革在很大程度上实质是教学观念、教学思想的转变。

传统的体育教学观认为，教学就是教师教、学生学，教师讲、学生练的过程，许多教师都把学生当作消极、被动接受知识的容器，认为学生是被管束的对象和可以任意责罚的对象。现代教育学的观点是：教师有效、合理地组织学生的体育学习，让他们学得更好，学得更积极、更活泼，更能促进学生的身体、心理和社会适应能力的发展。尤其是在当今世界，随着社会发展的要求，在体育教育中培养学生的开拓精神、创造意识，发展思维、发展想象力，增强协作意识、增强团队合作意识、增强纪律意识、增强责任心，是实现体育教育"现代化"的重要标志。

有效的体育教学体现了教师的教育理念——敬业精神、文化素质、进取精神、创新意识。教师理念的现代化意识的强弱，决定着教师的智力、知识和想象力的有效运用，还决定着教师选择和解释教材、利用现有教学设备的程度、教学方法的丰富程度以及对学校体育的崇敬和奉献程度。

教学活动必然受到诸多非教学因素的影响，一些传统的心理活动、习惯和功利主义的消极作用对教师的思想和行为产生了深远的影响，教师自身的现代化水平决定了这些因素与教师的工作是否协调一致以及协调一致的程度。体育教师既要与学生建立平等互尊的师生关系，也要关心学生的身心健康水平的全面提高，促进学生的良好发展。

体育教师的教学理念是一种知识体系，它包含了体育教师在体育活动中所学到的理论和概念，体育教师在体育活动中自觉地总结和积累体育活动的经验；体育教师的教育理念是影响其教学效果的重要因素。教师是否能够充分了解和掌握国家教育政策，并将其落实到日常教学中，是否具有主体性教育教学理念、素质教育理念、终身教育理念、终身体育观念、创造教育教学观念，以及改革创新意识、竞争意识、挑战意识、合作意识、效益意识，是否面向全体学生，是否关注学生的全面发展等观念，是否深刻认识到体育教学的重要性，在教学中是否注意培养学生的创新思维能力等，对其教学具有深远影响，尤其是体育教师观念的现代化直接关系到体育教学的成效。体育教师观念现代化意识的构成要素，决定着其智力、知识和想象力的有效利用。它决定了教师利用现有教学设备、教学方法的丰富程度，对学校体育的崇敬程度，对学校体育的奉献程度，以及学生终身体育意识的形成的可能性。

如果体育教师成功地实现了以下教学观念的转变，则对体育教学有效性的提高更具有积极意义。第一，体育课堂既能实现"共性"教育的社会使命，又能使学生人格得到全面、健康发展的空间；第二，体育教育的价值是其人生价值的一部分，其价值不应以功利为目的，而应体现在教育活动中的创造性劳动和对学生的热爱；第三，培养学生的终身体育观应当成为每一位体育教师的重要职责；第四，从以教师为中心转变成以学生为本、以学生为中心，树立新的教育主体观；第五，从"师道尊严"到新型伙伴关系的转变，树立体育教师是"平等中的首席"的师生观；第六，从为学习成绩负责向为终身育人负责转变，树立新的教师责任观；第七，树立正确的教学效果观，将追求长远效果与当前效果相结合，将追求实效与完善组织形式相结合，实现体育课的"预设"与"生成"的有机结合。

（二）体育教师的学科教学知识

教师的"学科教学知识"（简称PCK）是在20世纪80年代西方教师专业化运动中，为强化教师行业而制定的标准。斯坦福大学的舒尔曼（当时是美国教育学会的会长）他提出了一个很有意义的理念，那就是美国的师资缺乏。舒尔曼认为，PCK是一种不同于普通教学知识的系统，它是一种特定的混合。该课程将学科知识与普通教育知识相结合，包含了具体的专业知识和方法、原则，涉及实际教学活动的设计、实施、评价和改进等知识，也被称为"实践的知识"。

通俗地讲，教师的学科教学知识是老师在教学中的运用，使他们能够很好地了解科目的内容，并把它们转换成学生的知识。学科教学知识是学科知识与一般教学法知识的整合，它是教师的一种特殊的知识类型，它有别于单纯的体育知识和普通的教学知识，是影响教师专业成长和教学效果的重要因素。其具有以下特点：依赖教材内容和学生等具体的情境，具有情境性；常采用案例分析或示范教学；是一种跨学科的综合知识；是一种反复练习、熟练之后自动化的知识；许多PCK的相关知识，产生于教师个体的经验之上。

体育教师的学科教学知识是体育教师在特定的课堂教学情境中，在指导学生掌握系统的体育与健康基础知识、技术与技能、锻炼身体、增强体质、促进健康水平、提高社会适应能力、形成良好的思想品德的学习与实践活动统一的过程中，是将所教的体育学科内容和教育学原理以及其他相关学科知识有机融合的过程中所建构的对体育教学的认识、体验和行为的策略。体育教师所掌握的知识主要有体育信念、体育教学内容、体育专业知识、体育教学策略、体育教学经验、体育教学评价、体育教学反思、体育教学与心理学知识。

体育教师的专业知识是在实际教学中运用的，有别于单纯的学科知识和普通的教学知识，是体育教师在面对具体的单元和学生时，所掌握的学科知识的表现形式和观念变化的教学策略，是体育教师特有的体现教师职业特殊性的一种专业知识，也是理解教师专业知识的新视角，具有建构性、整合性等特点，即特定的教学法知识与学科内容的融合。体育教师的学科教学知识强调教师如何将学科知识"内化"，用学生易理解的方式表达出来，包括教师讲解某一运动技术所用的语速与语调、动作示范的方法与时机、与学生进行交往的特点等，以适合不同学段的学生的思维能力和注意力等方面的特点来重新表现与演绎体育学科知识。体育教学知识是教师教学的独特之处，它是"教有法，教不能有定法，要用法，要得法，要创法"。从体育的角度来看，即使是优秀运动员也不一定具有这种知识；从教学经验来看，高中体育教师不一定具有小学体育教学的这种知识。例如，对于接力跑教学，体育教师不仅要懂得接力跑的方法，还要知道学生在哪些方面理解起来有困难，要设想到学生可能会问的问题，如为什么接棒时要慢速助跑？为什么传棒时要上挑或下压？

就效果而言，具体来说，体育教师的学科教学知识可以对教学效果产生如下影响。第一，学科教学知识可以大大提高特定知识教学的功效。学科教学知识是以关于体育学科内容的"个案型"的知识，遇到特定教学情况可以采用特定的"即插即用"的教学"模式"，能缩短体育老师的准备时间，让他们能够从容应对，从而适应不同情境的教学。第二，通过学习相关的知识，可以有效地提高学生对课本的理解。在课堂上，为了应对"非常规"的问题，或在没有预见的情况下，具备了有效的学科教学知识，可以通过修改"预设"，在教学中添加"生成"元素，使学生更好地理解。此外，在教师的学科知识中，还包含了学生兴趣偏好的信息，并为老师所展示的教学内容、知识点、表现方式等提供了基础。第三，在体育技术、技能概念、训练方法和训练中应注意的问题上，学科教学知识对教师的影响较大。相对来说，教师在掌握了大量的专业知识后，更易于按照自身的认识，用自己的方式演绎、诠释和表达与教学内容有关的知识，从而提高教学的有效性。

（三）体育教师的责任感

责任感是个体在自身和社会发展过程中对自己所负的责任的认识，也就是个人在道德行为中所实现的道德使命能否达到自己的道德需求所引发的一种情绪体验，也是人的生存与发展的动力。教师责任是指社会和团体对其个体的职业角色所具有的预期，而教师对此所期待的认同感和承受力则是教师的责任感。教师的责任也是个人把国家和社会对教师的外部需求转化为内在的、持久的、稳固的、有意义的、有价值的个体要求。教师的责任包含了教师对国家和社会的责任、教师对学生的责任、教师对自己的责任。在教师的职业道德和行为准则中，教师的责任心也是一个非常重要的问题。

《中华人民共和国教师法》于1993年颁布，要求教师遵守宪法、法律、职业道德；贯彻国家教育政策，遵守学校的规章制度，落实好学校的教学计划，履行好教师合同，完成各项教育和教学工作；对学生进行宪法规定的各项基本原则、爱国主义教育、民族团结教育、法制教育，思想品德、文化和科学技术等方面的教育；关爱学生，尊重学生的个性，使学生的品德、智力和身体素质得到全面的发展；制止对学生不利或侵害学生合法权利的行为，对危害学生健康发展的行为进行批评、制止；要持续提升思想政治素质，提高教育教学工作能力。这就是体育教师的职责，也就是责任，应该是教师必须遵守的一项基本要求。

体育与健康新课程的实施也给体育教师带来了新的挑战。体育教师应该迅速地由原来知识的灌输者转变为学生学习的促进者、合作者和人格发展的指导者。教师不但要让学生学会学习，还要教他们如何学会遵守社会和公共规范，如何与人相处，如何竞争与合作，如何适应快速变化的环境，如何在紧张的社会环境中保持情绪和情感的稳定等。这就要求教师必须具有神圣的使命感、高度的责任感，这也是新世纪对教师的要求。

具有高度责任感的体育教师，将其视为一个目的、一个方向、一个动机和一个任务。教师要想顺利地完成自己的教学工作，就必须更加努力地钻研业务，深造学习。在培养学生的责任心的同时，教师也会根据自己的学习目的、学习内容，充分发挥自己的想象力和创造力，精心组织教学活动，合理安排和有效实施，从而使学生在快乐的学习中牢固地掌握体育基础知识，提高运动技术能力，增强体质。

二、学生因素

（一）体能、技能基础

体能是指人们在生活、工作、运动等方面的综合生理机能，包括身体形态、生理功能、运动素质和心理素质。其中，身体形态是反映人体生长和发展的各个环节的外貌特征，如围度、长度和充实度；人体机能指的是人体各系统的工作能力，包括呼吸、循环、消化、神经和运动系统；运动素质是指身体在运动过程中，由中枢神经系统控制的各种运动能力。

良好的体能是提高体育技术水平的根本保障。在体育技术的泛化、分化、巩固和自动化阶段，体能与动作技能的形成紧密联系，在泛化阶段，体能就像是启动器。比如，在学习排球技术时，若学员具备一定的体能，再配合排球这种新颖的运动刺激，使其进入神经系统，其中枢神经受到刺激，从而使其对排球产生兴趣，有利于技术的学习与掌握。

在技术层面上，学生的运动技能基本功对他们学习新技术有积极的影响，而他们已经具备的优秀的体育技能则会对新技术产生积极的影响，从而在较短的时间内学会新的体育技术。

（二）学习策略

在学习策略这一概念上，有很多学者从不同的视角对其特点进行了论述。国外学者将学习策略视为一种内在的规则体系，它是一种特定的学习方式或技巧，是一种学习者自身的学习过程；国外的一些研究表明，学习策略是指学习者通过学习情境来提高学习的有效性，并通过学习情境来控制学习任务，从而达到学习的目的。

本节认为，学习策略是学生为了达到预期的学习目标，通过某些程序、规则、方法技巧等主动对学习活动所做的自我调控，可以从如下方面加强对学习策略的理解：

第一，是用于学习的计策谋略，是学习方法和规则使用中的科学（即方法和规则的使用有一定的可操作程序，是外显的行为）和艺术（对学习规则、学习方法等的灵活运用，是内隐的心智活动）的统一体；第二，是学习主体为达到学习目标而自觉主动使用的，并逐渐习惯化和自动化，甚至是下意识地使用的方法和谋略；第三，是有效学习所需要的，以追求最佳效益为根本的方法；第四，其作用对象是学习活动及其要素（学习主体、学习客体、学习手段和环境等），学习策略旨在将各要素有机结合与合理调控，使之处于动态平衡中。

体育学习是指在老师的引导下，通过有计划、有组织、有系统地学习体育知识、运动技术、运动技能、品德和人格发展的过程，是学生获得体育经验、提高体育素养、规范和提高体育行为的一系列程序、方法和技能的过程。体育学习策略是指根据学习情境，在运动学习过程中对学生的学习行为进行有机调节。体育教学是一种心理活动，是学生在体育教学中的认知策略和心理调节的一种方式；体育学习策略的基本特征是：体育学习策略（包括对体育学习方法的一般性知识、程序操作知识和方法的调整）、执行策略（具体的学习方法、程序的操作、具体的体育学习策略、运动策略的执行体系、体育学习战略的实施体系）、元认知策略（综合分析和评价体育学习过程的整合与控制）。

良好的体育学习策略对提高学生的学习效果具有重要的作用和意义。随着终身体育观念的逐渐形成，目前的学校体育活动仅仅是学生参与体育活动的一部分，进入社会后，他们将有更多的时间参与到体育活动中去。学生在体育教学中掌握了较好的学习策略，为以后的体育教学打下了坚实的基础。

体育教学的有效策略能让学生在较短的时间里，获得较为系统的体育学习的成功经验。掌握一定的体育教学方法，从而形成具有自身特点的学习策略，是实现体育教学质量的根本。体育学习战略能够将别人的成功经验聚集起来，提高学习的目的性和主动性，避免个人长期的盲目的摸索，节省和凝聚学生的智慧能量；它能确保学生在短期内获得更好的学习效果，尤其是对中等水平的学生来说，获益最大。

（三）学习动机

动机是一种内部的需要，它能直接激发或驱使人们为某一目的而采取行动。这是人类在不同的活动中，为了保证自己的生存，满足各种需求而产生的。人的绝大多数动机都是需要的动态表现，需要产生动机，动机激发行动。动机也可以看成作出某种特殊行为的理由，尤其是人的心理与神经方面的行为。这些理由可能包括基本需要，如食物或渴望的东西、业余爱好、目标、事物或者达到的理想状态。动机是直接推动一个人进行活动的内部动力，其强度的大小取决于三个相互作用的变量。第一，需要的强度，即有机体内的结构与本能的空缺状况；第二，刺激物的激活效应，即外界环境所提供的条件对有机体的激活效能；第三，目标诱惑的大小，即在众多刺激中能够构成行为目标对人的诱引力。其中任何一个变量的变化都会影响动机强度的变化。在现实生活中，人的行为和动机也是由这三个要素的相互作用来决定的。

学习动机，一般指直接推动学习的内部动力因素。作为学习动机的心理因素，首先是学习的需要。这种需要是社会、学校、家庭的影响在青少年学生头脑中的反映，可以是学生了解和相信学习的必然性；可以是兴趣爱好、习惯、目的、态度、学习目标等，也可以是学生对于未来的一种理想。学习动机至少具有三种重要功能：第一，指引方向，指学生按照动机所激发的方向，向前努力，争取成绩；第二，集中注意，指学生排除干扰，克服困难，把注意力集中在学习对象上；第三，增加活力，指学生主动积极地努力学习，力求达到目标，使自己的愿望得以实现。

此外，学习动机还直接关系到学习的效果，和学业成就密切相关，也成为学生是否能获取到知识、技能的决定因素之一。美国学者尤古罗格卢通过对232种动机测量和学习成绩的相关性进行了分析，结果显示，98%为正向关系，表明动机水平越高，成绩越好。另外，美国洛厄尔的研究进一步说明学习动机对学习成绩的影响。洛厄尔选择两组成就动机不同而其他条件相同的学生作为被试者，比较他们的学习效率。结果表明，成就动机较强的被试者在某项学习任务中能够不断取得进步，而成就动机不强的学生则未能取得明显进步。

一般来说，正确的学习动机是提高学生学习成绩的一个重要因素，学习动机的强弱对学生的学习成绩有很大的影响。学生对自己感兴趣的、与自己需求相适应的、对自己有价值的知识的学习，会使他们在学习过程中得到更多的满足感。学生的学习动力太弱或太强，都会对学生的学习产生负面影响。在学习动力较低的情况下，学生容易被不相干的因素所吸引，从而致使注意力不集中或缺乏目标。学习动机不高，持续时间短，学习成效普遍低。若有畏难、抗拒或憎恶的长距离跑步，则会对其运动表现或水平产生一定的影响。在动机过强的情况下，虽然学生对学习内容的重视程度较高，对非相关的刺激较少，而将重点放在了与解决问题相关的一些关键特征上，同时也会出现过度紧张、焦虑、心理负担重的现象，从而影响学习的成效。

唤醒理论创造者之一的赫布从生理学和心理学的角度，对提醒机能和唤起水平的关系做了科学的阐明。唤起水平过低，大脑皮质的情报信息传递就不充分；唤起水平过高，情报信息传递过紧，就会形成动作的混乱。同样，中等强度的动机是最适宜的体育学习动机。因为只有中等强度动机的学习者才能既集中注意力，努力学习，对体育学习具有浓厚的兴趣和高涨的热情，又不受挫折的影响，能有顽强的自制力和锲而不舍的精神，能设法尽快解决问题，取得更好的学习效果。

在体育教学中，学生的学习动机复杂多样、兴趣各异、层次不同。而学习动机和学习成效息息相关（通常情况下，动机强，学习成效好；动机弱，学习效果差），因此，在体育教学中，教师应通过观察、谈话等方法，对学生的体育学习动机进行直观或间接的调节，从而达到因材施教的目的。

三、教学环境与条件因素

（一）体育教学环境

教学环境是指与教学相关、影响教学，并通过影响教学的要素完成教学的整体环境。广义而言，社会制度、科学技术、家庭与社区条件等都属于教学环境。狭义而言，教学环境主要指影响学校教学活动的物质、心理环境，如校园、各种教学设施、各种规章制度、校风、班风、课堂教学气氛及师生人际关系。良好的教学环境是按照一定的目的需要而专门设计和组织的一种特殊环境，它比其他环境因素更易集中、一致，系统地发挥作用。教师也可以根据教学活动需要对教学环境做及时和必要的调控，有利于提高教学效果。

良好的教学环境有助于学生加深和扩大其对所学知识的理解，教学环境的好坏会直接影响学生的学习热情、乐趣和兴趣。学习氛围浓厚、相互适当竞争、融洽协作的氛围能提高学习的积极性和学习的热情度。良好的教学环境能够激发学生的学习积极性，提高他们的学习能力，在一定程度上对学生的学习产生压力，这就促使学生积极主动地去学习，提高其学习效果。

1. 体育教学的场馆器材

"巧妇难为无米之炊"，体育教育要想达到好的教学效果，就需要充分、完善的教学设施。体育教学设备的配备是保证体育教学中运动量和运动密度的重要保障，是一节好课的必备条件。在场馆设施不足的情况下，大部分教学活动都不能顺利进行，老师们往往会选择一些对场地和器材要求比较低的项目来进行，或者在选择一些对场地和设备有很高要求的课程时，在实施过程中会受到一定的影响，从而影响教学的质量。调查发现，部分学校的教学内容主要以广播体操为主，或以徒手跑步、原地跳跃为主，学生的活动范围有限。

2. 体育教学的人文环境

体育活动的人文环境是体育活动中的一种文化氛围，它可以促使学生积极参与体育活动，积极、自觉地进行体育活动，包括体育教室的合理安排、学校组织的各种体育活动、各种体育竞赛活动、与社会的交流、体育学习的风气、社会的信息、社会的经验，以及良好的体育文化等。其主要内容有三大类：人际关系环境、情感环境和文化心理环境。其中，人际关系环境是指在教学过程中，师生关系、师师关系、生生关系等多种关系所组成的一种特定的社会关系。良好的人际交往是创造体育教学心理环境和提高体育教学质量的重要条件。学生的情感环境是指学生和老师的情绪状态，而教学活动又是学生的情绪活动。文化心理环境是教师和学生在教学中所遵循的道德价值观和行为规范。良好的文化心理环境可以起到引导的作用。

3. 同场上课班级数量的多少

在不同的课堂中，不同的课堂人数会对学生的体育学习产生很大的影响。首先，随着班级数量的增加，各个班的活动范围也相应缩小，这必然会给某些需要更大空间的工程带来负面影响；其次，班级多了，彼此之间的互动就会产生更大的干扰，很容易让人分心、走神，从而影响教学效果。在调查中，一些城区的小学因为建校时间短，占地面积小，往往是教室挨着教室，有的教室距离教学楼只有几米远，互相影响。因此，在教学中要考虑到课堂的实际状况，要注意在同一教室内各班之间的互动，并尽可能地减少干扰。

（二）体育教学条件

1. 物质条件

物质条件主要是指现代化的体育教学手段，现代化的体育教学手段主要是利用现代技术条件，靠电声波、电光波、电磁波等传输体育教育信息的教学手段，包括幻灯、投影、录音、广播、电影、电视、唱片、实验室、电子计算机、程序教学机等硬件和软件。在体育教学中，教师必须考虑教学手段对提高教学有效性的贡献。教师有效地利用现代教学媒体有助于实现以下几个方面的目的：使体育教学更有趣；能够更仔细地选择和组织教学内容；教学的程序能更加标准化；在运用可接受的学习理论时，学习的互动性更强；可以缩短用于教学的时间；提高学习质量；在既定的时间或空间里，能够实施好教学（即教学的"即插即用"）；个人针对学习内容和学习过程的态度能够更加积极；教师的作用能够得到加强。

信息时代的到来和计算机的进一步普及，都使得教学手段日益丰富和多元。随着CAI的运用，实现体育课堂教学手段现代化在环境和条件上均已成为可能，也为体育教学效果的提高提供了基础。现代化的教学手段对提升教学效果的作用主要表现在以下三个方面：

第一，大大提高了传授体育与健康知识、学习运动技术和技能的效率和质量。由于CAI的优秀课件具备动静结合、声像并茂、人机交互等诸多功能，特别是优秀运动员在运动技术上的示范或者是在比赛中的技术发挥，教师可以将某些教学内容以形、声、色等生动活泼的形式直接诉诸学生的多种感官，可以将静态的教学信息动态化、复杂的教学过程形象化，可以吸引学生长久的注意并引起思考，使学生产生跃跃欲试的感觉，使学生的大脑在愉快、身临其境的气氛中处于兴奋状态，达到有效激发学生运动的欲望、促进形象思维能力及提高运动技术水平的目的。

第二，与传统教学方法比较，CAI手段加大了体育课堂教学的密度、扩大了教学信息含量、增强了直观性、有效提高了教学效率。现代教学手段使传统的教学手段获得了更新，推动了教学方法的革命。现代化教学手段的应用可以在保证教学质量的条件下，更节约教学时间，提高教学效果。例如，观看教学多媒体可以使学生对运动或动作、技术有一定的直观认识。教师可以运用体育课备课软件、运动会编排软件等达到省时省力的目的，从繁重的任务中摆脱出来。

第三，现代教学手段在增强学生体育与健康知识，提高运动技术与技能的同时，更促进了教师教学水平的提高。为了充分发挥CAI等现代教学手段的优势，使其利用效益最大化，体育教师必须亲自参与课件的设计、制作、调试、运用、反馈的全过程，体育教研组成员可以相互借鉴和学习。要想做到这一点，体育教师必须深刻理解教学内容、准确把握教学重难点，对教学各环节、步骤及层次了然于心。这对提高教师的备课水平和教学能力具有积极意义，对提高体育教学的有效性也非常重要。

2. 自然条件

自然条件是指一个地区的天然、非人为因素的基础环境。地理、气候是影响体育教学成效的自然因子。

（1）地理位置。地域因素对体育教学的影响很大，尤其是一些区域性的运动，其影响会更大。在南部地区，进行一些传统的北部运动，如溜冰；在北部地区，进行一些传统的南部运动，如游泳。各地在师资、场地、设施、运动项目认识和理解、运动氛围等方面，与原址相比会有很大差别，既不能保持"原汁原味"，也不能"变相走味"，导致"橘生淮南则为橘，生于淮北则为枳"。这不仅使学生的学习能力得到提高，而且还会影响到学生的学习效率。

（2）气候因子。在我国体育教育中，气候条件对提高体育教学质量起着重要作用。体育与健康教育是一种较为特殊的学科，大多数的体育活动都在户外进行，其内容和形式往往会受天气的影响和限制。在体育教学中，由于气温、气压等因素的变化，会对中学生的生理和心理产生一定的影响。夏天，太阳的紫外线最强，上体育课肯定会受到影响。学员会有注意力不集中、练习疲劳、表情淡漠、练习兴趣下降等问题，还会造成中暑、疫病等热损伤。在冬季，由于天气寒冷，导致骨骼肌的黏滞性增加，关节韧带的僵硬、伸展性和弹力下降，肌肉、关节、韧带容易损伤。另外，气压的变化对人体也有明显影响。高气压时，容易增加心脏的压力，抑制机体充分有效地活动；在风速大、沙尘飞扬等恶劣气候环境中运动，容易引起呼吸道疾病等。在室内体育教学场所时，如果上课时班级多、学生多，不可避免地将产生一些灰尘，学生之间会相互干扰，影响教学效果，也会影响到学生的健康。如果在炎热的季节中进行运动而且缺乏良好的通风条件，其污染的环境可引起学生心率较快、呼吸短促、易疲劳、耐力差等症状，这不仅有损学生的身心健康，也会影响到教学质量。

第四节 有效体育教学的策略

提高体育教学效果的对策是多种多样的。可以说，只要把与体育教学相关的要素作为逻辑出发点，就可以归纳出一套能够提高体育教学效果的对策。

一、明确体育教学目标

要想上好一堂好的体育课，首先要有一个明确的目标，而课堂教学目标是一个最小的单元，它的科学制定需要从多个方面来进行。首先，对教科书进行了剖析，为教师有效地设计教学、制订教学计划、有效地准备教学提供了依据；其次，对学情进行分析，由于学生的问题是教学的中心，只有了解了学生，才能更好地培养学生；最后，通过对课程标准中的特定目标的分析，使其更加准确。

（一）教材分析

教学材料是教师完成教学任务，有效提高教学质量的关键。教学材料的解析是教师加深理解教学理论、掌握教学内容、实施创造性备课的重要条件，也是教师在教学中运用教学科研的主要方式和工具，充分反映了教师在备课中运用教材的能力和创造性。但是，在与一线体育教师的交流中，发现很多教师并没有充分发挥教材的作用，大多数教师对课本都是粗略地看一遍，并没有做详细的剖析，因此致使教学目标不明确。比如，有些教师在做单手单肩投篮时，只是看了一下课本上的技术动作，并没有分析这一部分的价值和特点，也没有去比较与初中篮球课本的不同之处，只是在课堂上看书，而不是在分析课本。那么，教师怎样全面、合理地分析教科书，使其达到更高的教学目的？这主要包括以下三个方面：

1. 教师要分析体育教材的基本内容和总体要求

在对教科书进行分析时，教师要从体育课程标准的高度来审视教科书和教学方法。只有充分了解和掌握教材的整体结构和整体要求，才能制订出一套科学、合理的课程方案。

以中学体育与卫生课本为例，新课标指出："为让学生获得多层面、多路径的运动学习需要，中学的体育课分为选修课和必修课，而必修课则是每一位学生都要掌握的。"在此基础上，结合新课标的教学内容，将《健康教育》的教学内容分成两大类：第一章至第六章为第一部分，主要是针对课本中有关健康教育的主题及相关的体育课程的教学和学习策略；第二部分为教材中关于田径和各种体育项目选择的教学和教学的建议。因此，教师在制订教学计划前，应先对整本教科书进行全面分析和理解，以便更好地安排教学计划，提高教学计划的有效性。

2. 教师要对体育教材的单元教学目标以及重点与难点进行分析

教师在阅读和消化完各个单元的教学内容后，要了解各个单元的教学重点、难点和教学目标，从而了解教材单元的总体布局和结构，了解各个模块的关系，为科学设计教学方案和有效实施课堂教学创造坚实的基础条件。

3. 教师要分析教材课时目标的处理并进行大胆的教学设想

教师要对教科书中的课时内容在课程和课本中的位置、功能进行分析，找出单元教学目标中课时内容的前后关系。此外，教师还可以根据教学要求，对教材进行适当的处理和重组，从而形成一套全新的教学系统。教师要从学生的角度来看待教材，然后仔细挑选教材，这样才能更好地适应学生的特点，提高课堂教学的效果。

对教科书的剖析，可以说是教师自我内化、加深、创新的一个过程，从而使教师的专业素质得到有效提高，同时也是实现课堂教学的一个重要条件。

（二）学情分析

新课程的中心思想和最高目标是"一切为了每个人的发展"。随着课堂改革的不断深化，"学"的问题日益受到人们的关注，而"学"的观念也直接导致了教学设计的变化。在教学中，学生的问题是教学的关键所在，在教学之前提前进行学情分析，可以使教学活动更有针对性，从而在教学内容和资源的选择和整合上更为合理。只有认识了学生，我们才能更好地为学生服务，为提高教学效果和提高教学质量服务，降低教学的盲目性。体育课堂教学与其他文化课堂教学的最大不同在于身体锻炼，那么在此条件和情形下，应重点关注如下几个方面：

1. 学生的身体机能

在运动体系方面，各年龄段的学生的骨骼弹性、硬度均有差异，关节的柔韧性和灵活性也各有差异。因此，在体育教学中，应注重对不同时期的学生进行适当的体能锻炼，使他们的运动功能得到全面开发，并在快速成长的时期进行适当的伸展训练。此外，由于血液循环的特殊性，青少年的心脏跳动速度更快，新陈代谢也更强。因此，在体育教学活动中，老师要组织学生进行短距离的运动，初中生可以适当提高力量和耐力训练的比重，高中学生可以进行一些比较激烈的运动。但是，教师应特别重视学生的心肺功能、有氧耐力和肌肉耐力的个人和身体条件，特别是肥胖、身体有缺陷、有青春性高血压的"弱势群体"。另外，从神经系统来说，青春期初期，女性的身体会发生一定的变化，导致她们的动作不协调，老师们要注重运用直观、形象的方法来提高课堂的趣味性，同时也要注重培养学生的思考能力，而对于女生的不协调行为则要区别对待。

2. 学生已有的知识技能基础

学生已经掌握的知识和技巧是获得新知识的先决条件，而对新知识的认识则是合理安排教学内容、引导教师教学、引导学生学习的必要条件。在课堂中，教师要把学生的旧知识和新知识结合起来，这样才能取得更好的教学效果。例如，中学篮球教学是以初中为基础进行的，按照新课程标准，高中生要有系统地提升自己的技术水平，并且要在实际操作中学会利用技术来提高自己的技能，因此，教师的教学安排不能只是一个动作的连贯，而是要从零做起。在现有的知识和技能的基础上，教师要把学生在中学阶段所学到的知识和技巧相结合，把以前所学到的知识和新的知识相结合，从而提高教学效果。

3. 学生的兴趣与性别差异

男生更倾向于一些激烈的运动，如对抗性、速度、力量等，而女生则喜欢一些柔韧性、平衡性、运动幅度较低的运动，而现在的班级里，大部分都是男女混搭。在此基础上，教师可以针对学生的兴趣，合理安排学习内容，采用不同的教学方式，不同的体育活动，进行不同的训练。另外，男生与男生、女生和女生在不同程度上也存在着不同的兴趣，教师们也需要提前调查，深入了解，才能真正做到针对性课堂教学。据调查了解，有高中在这一点上做得很好，并没有按照管理班级来授课，而是将行政班级分成了不同的兴趣组，比如，健美操组、羽毛球组，每个组20个人。这种方法兼顾了学生的个体和兴趣的不同，从而实现了双赢。

4. 场地器材方面

场地设备是体育教学实施的重要物质保障，合理使用场地设备有利于提高教学效果。所以，在场地设备的布局上，要与教学内容的特性保持一致，创造良好的外部环境，以促进学生愉快学习。

此外，教师还应注意学生的心理健康状况、社会适应性状况，是否有个性孤僻、不合群的情况，并在具体目标设定中进行相应的分析。

二、精选体育教学内容

体育教学内容是指在学校的课程标准中明确规定的体育教养成分、教育成分和发展成分。体育教养成分是体育知识、技术、技能的明示教育；教育成分是体育知识、技术、技能中所蕴含的有关体育道德、精神、思想作风和优良品格的教育；发展成分是体育知识、技术、技能所包含的生理、心理、情感、态度、文化等方面的内容。后一种是"隐性"的教学内容。

要使体育课堂教学得到有效实施，就必须选择有效的教学内容。教学内容的选取既要考虑到学生的发展，又要符合教育的目的。有效教学内容与达成预期目标有关，学生未学习过，但是通过一定的努力和学习能掌握好的内容，或者即使学习过了但是掌握效果不够理想的内容，可以包括新讲授的内容和复习的内容。体育教育内容是指体育保健知识和体育活动的多种形式，以达到体育教学目的。目前，各种球类、田径、体操等体育项目仍然是体育比赛的优先选择，而新兴的体育和民族传统体育则要经过"教材化"的处理，才能进入教室。在教学内容的选择上，应尽可能地提高有效内容的含量，这是确保体育教学高效运行的先决条件，但是我们也不能抛弃"运动技术的掌握"，否则就会丧失其真正的价值。具体来说，可以通过以下几种方法进行教学内容的选择与优化：

（一）选择有利于实现教学目标的内容

在教学内容的选取上，要坚持以"目标"为指导，以达到教学目的。如投掷类的教学内容，体育老师可以利用投纸飞机、投掷纸团、投绳等方法，让学生掌握投掷垒球的挥臂运动；体育老师可以选择小球等轻物体对地进行投掷，以提高投掷的速度；体育老师在训练中可以采用单、双手抛投实心球等方法来提高学生的身体素质。

（二）选择具有实效性的教学内容

在选择教学内容时，必须注重活动的简便易行、对学生的身心健康、对人生的服务、对学生终身体育的培养。要充分发挥"健康第一""终身体育""快乐体育"的教育理念，使其与健康、终身锻炼、全民健身、与人的交往与协作意识紧密结合。比如，在本课程的前期准备阶段，体育老师在进行游戏活动时，所选用的游戏内容与主教材关系密切，可作为主要教材的辅助物，有利于整体教学；又比如，在教授翻跟头的时候，首先要让学生们做"看天""比谁更快"（这是一种潜移默化的技巧：低头和身体），这是一种非常有效的游戏。

（三）选择适合学生特点的教学内容

不同年龄、不同性别的学生，其生理、心理特征决定了其对运动的需要。在相同的学习阶段，男女学生乃至同性之间在身体条件、个性特征、兴趣爱好和体育技巧上都有不同程度的差异。只有对所学的东西感兴趣，学生才能真正投入到实践中去。在选择教学内容之前，要对学生进行调查、分析，对学生的体育兴趣、爱好、态度、个性心理特征、实践能力等进行研究，对教学内容进行分解、分级，让学生自主选择，因材施教，保证每个学生都能从中获益。

（四）选择具有较强时代性的教学内容

尽管教学内容与知识都是经过时间考验的，可以成为选修课程内容的重要依据；有些内容之所以被用作教学内容，是由于它的价值，但是有些内容在很久以前就被当作教材，而不是刻意地选择，也可能是盲目地跟随。体育与体育课程在社会发展过程中发生了变化，体育项目、休闲娱乐活动等都有其时代特征和可变性。因此，体育教师在选材上要注意与时俱进，结合师资力量、学校硬件设施、学生兴趣等因素，适时地对一些社会流行的运动项目进行必要的改造或简化，使其更具时代感、新鲜感。比如，流行的街舞、芭拉芭拉舞、独轮车、滑板、跳舞毯、攀岩、短式网球、定向运动、三门球、健美操等体育活动，都可以引入课堂。

（五）选择具有科学性的教学内容

首先，体育课程的科学性，体现在体育课程能够促进学生体质的提高，有利于提高学生的运动素质；其次，在体育教学中，在具体的教学环境和条件下，其安全性是非常重要的。

科学性强的教学内容对良好教学效果的取得具有重要意义，一些体育教学文献甚至把教学内容的科学性看作体育教学效果的决定因素之一。例如，"体育教学内容的编选要遵循科学性、思想性、适用性、娱乐性、民族性等基本要求"。体育教学内容的科学性主要体现在以下三点：第一，它蕴含着丰富的内涵，是人体科学、运动科学、训练科学原理、人文社会科学原理等人文知识的结晶；第二，科学和文化含量高；第三，内容的编制和教学遵循有关科学规律与原则。

新课程的一个重要思想就是要注意每个人的不同，以保证每个人都能从中获益。在教学内容的选择上，既要兼顾年龄、生理、心理特点，又要兼顾个体的特点，以促进学生的身心协调、健康的发展。同时，要注意教学内容的科学性，注意锻炼的效果，不能消极地影响学生的身体健康，不能使学生对体育课有任何抗拒。

同时，保持适当的运动量也是提高体育教学质量的重要保障。2004年，教育部体育卫生与艺术教育司副司长廖文科在肇庆举行的"全国中小学体育教学观摩展示活动"开幕式上发表的重要讲话中提道："不能把体育课上成休闲课、娱乐课。体育课教学要符合不同年龄阶段中小学生的身心特点，要有适宜的运动负荷。"这就要求体育教师要丰富和强化体育技能，使体育课成为一堂充满汗水与欢笑的课堂，而不是无所事事、不流汗、散步式的"休闲课""娱乐课"，只为让学生快乐。体育教学如果不能提高体能和身体素质，就无法真正落实"健康第一"的教学方针；同样，缺乏运动技巧，缺乏足够的运动量的体育课也只是在表面上堆叠着游戏，只能是一种新的"放羊"式教学。

（六）根据场地器材的条件选择教学内容

由于各个学校的场地设备状况参差不齐，许多训练项目不能等量地进行，也就不能达到真正为教育服务的目标。因此，在体育教学中，应根据具体情况，合理选择教学内容，并充分考虑到安全问题。当然，教学内容的选择是老师和学生共同努力的问题，而学生是学习的主体。新课程标准强调了学生的主体性，注重学生的发展。而如何选择教材，则需要老师的引导，首先要了解学生的兴趣，再依据学生的反馈，制定出符合学生实际情况的教学内容，为其提供一定的学习空间。

三、优化体育课堂时间管理

体育教学的有效性主要体现在：在一定的时间里，以最少的精力取得最有效的效果。因此，如何有效地进行体育教学中的教学时间管理就显得尤为重要。

（一）坚持时间效益观

在教学过程中，教师要坚持"时间——收益"的观念，以使时间损失降到最低。为了提高课堂的时效性，应通过构建合理的教学体系，强化教师的时间意识，降低人力资源的浪费，确保有限的教学时间得以落实，提高学生的学习效率。

首先，教师要尽快投入到课堂中。初中体育课程的教学时间通常在45～50分钟。如果老师在正式上课前进行了大量的其他活动，例如，在点名、组织、引导等方面，都会浪费大量的教学时间。所以，体育老师要在课堂前仔细地备课，做好充分的计划，以便在适当的时间内投入到课堂中来。

其次，缩短了教学过程中的过渡期。在体育教学中，过渡时间是必要的，但应将其控制在合理的范围内，并尽可能地降低。在体育教学中，老师要对学生进行各种训练。训练中的队伍调动、等待练习、拿取器材、变换练习内容等，都需要一定的时间。如果在这几个方面浪费太多时间，势必造成时间的损耗。体育教师应制订周密的教学方案，使各个过渡过程自然协调、紧凑、流畅。

最后，要尽量减少和避免突发情况。体育课上发生的突发事件有可能是由于学生受伤、中暑、晕厥、打架斗殴、运动设备损坏、气候骤变等原因。体育老师在课堂教学中应做好充分的准备工作，最大限度地避免意外事故。当出现紧急情况时，可以采取热处理、冷处理等处理措施。具体来说，"热处理"是教师在面对突发事件时，能够快速地做出反应，并能够将突发事件转变为教学活动，使之成为对学生进行教育的机会。比如，上课的时候，如果有同学在教室里打架，老师可以第一时间阻止，等双方情绪稳定下来再进行详细的处理。"冷处理"是指老师在课堂上对突发事件采取临时"悬置"、课后解决或不理睬的处置方法。例如，有男生在教师讲解动作的时候扯前面女生的头发，引起女生的不满。教师可以给该男生一个眼神示意其停止，并继续讲解动作。当然，由于突发事件可能给教师的情绪造成一定影响，如学生的恶作剧事件，因此需要教师具有良好的情绪控制能力，不要激化矛盾，要尽量因势利导，当场化解。

（二）把握最佳时域

根据相关的调查，在体育课上课后15～20分钟是学生体能与专注力的最佳时间。为了提高课堂的时效性，教师应确保在最佳时域内完成主要的教学任务，并在适当的情况下，通过精心的设计，使教学始终朝着既定的目标前进，同时保持学生的注意力集中。

（三）保持适度信息量

从心理学的观点来看，体育教学是一个不断地获得和处理信息，不断调整和完善认知结构的过程。课堂上的信息太少，环节松散，造成了时间的浪费；信息太多、太密集，超出了学生的接受范围，教育效率太低，也是浪费时间。所以，在单位时间里，老师要有足够的信息量。教师在课堂上所教授的运动知识，要尽量做到最好，避免由于教授无用的知识而造成的低效劳动。

（四）提高学生的专注率

要想提高学生的注意力，首先要把握可教的机会，其次，要在适当的时间进行教学，避免发生违反课堂纪律、产生矛盾的情况。另外，在提高学生注意力的同时，也要注意提高转型期的有效性，保证教学中各个环节的衔接。此外，教师要采取适当的方法，运用生动形象的方法来调动学生的学习积极性，并提高他们的注意力。

学习时间的增加是指老师在体育课上花更多的时间用于教学。要实现这一目标，可以从两个方面入手：一是要注重教育。体育教学中有许多活动，既有教学活动，也有非教学活动，因此，教师要把教学时间与教学活动紧密结合，尽可能地缩短非教学活动的时间；第二，缩短课堂管理和教学安排的时间。课堂管理与组织教学工作是必要的，但是在一定的限度之内，也会导致学生的学习时间浪费。

关于学生学术学习时间，国际教育研究机构曾定过一个课堂教学效率的公式：课堂教学的效率=学术学习时间/实际学习时间。在这里，学习是指学生为了完成一件事情或者解决一个问题而进行的一种智力行为。为了提高体育教育的效果，教师要在课堂上更多地把时间放在学生参加体能训练、思考、总结、反馈等方面。在实际操作中，在条件许可的前提下，教师要把教学内容和学生的经验结合起来，以激发他们的学习兴趣为出发点。另外，可以设定一些有难度的教学任务，让教学内容更具挑战性，从而激发学生的学习动力，达到高水平的教学效果。

第五节　体育课程资源的开发与利用

一、校内体育课程资源的开发与利用

（一）人力资源的开发与利用

体育教师、学生、班主任、有体育特长的老师、校医等，是体育教学中不可忽略的重要人力资源。

1. 体育教师资源的开发

体育课程资源不论是物质型的课程资源，还是条件型的课程资源，都是体育课程目标实现的关键，而在目前体育课程资源十分有限的情况下，如何确定体育课程资源是最基础的，哪些体育课程资源在整体体育课程资源中占支配地位，对体育课程资源配置的作用起着决定性的作用。

在体育教学的基础上，有条件的体育课程资源，首先要确保体育教学的最基本的时间和空间，包括课时保障、最基本的安全保障、场地、器材等。如果没有这些条件的保障，体育教学的问题就无法解决。在这些基础条件都已具备的情况下，在进行有条件的体育课程资源建设时，必须做到量力而行。与条件型体育课程资源相比较，物质型体育课程资源的开发具有更大的弹性和创新空间。其中，既有条件型又有物质型的体育课程资源，具有体育课程资源的双重属性，对体育课程资源尤其是物质型体育课程资源的开发具有重要的指导意义。也就是说，体育教师既是鉴定、开发、积累、利用体育资源的重要载体，又是体育教学资源的主要载体，同时，体育教师本身又是